Die 10 Irrtümer der Globalisierungsgegner

MARKUS BALSER
MICHAEL BAUCHMÜLLER

Die 10 Irrtümer der Globalisierungs-gegner — wie man Ideologie mit Fakten widerlegt

Eichborn.

1 2 3   05 04 03

© Eichborn AG, Frankfurt am Main, September 2003
Umschlaggestaltung: Christiane Hahn
Bildmaterial: Zefa
Layout: Monika Säuberlich
Lektorat: Ute Gräber-Seißinger, Bad Vilbel und Dunja Reulein, München
Gesamtherstellung: Fuldaer Verlagsagentur, Fulda
ISBN 3-8218-3992-9

Verlagsverzeichnis schickt gern:
Eichborn Verlag, Kaiserstraße 66, D-60329 Frankfurt am Main
www. eichborn.de

Inhalt

Einführung

In der Nähe von Hanoi klebt Ho Thi Thanh für 20 US-Cent je Stunde Gummisohlen unter teure Nike-Turnschuhe. In New York schiebt der Börsenhändler Charly per Computer Milliarden über den Globus. Im Süden Kameruns fällt Charles seltene Tropenbäume, weil sich das Holz für gutes Geld verkaufen lässt. In Hamburg geht der Hafenarbeiter Karl auf die Straße, weil bald Kollegen aus aller Welt seine Arbeit machen könnten – und damit seinen Job gefährden. Die Globalisierung hat viele Gesichter und nur wenige, so scheint es, sind schön anzusehen. Die Märkte wachsen zusammen, Konzerne investieren überall in der Welt. Gleichzeitig aber leben 1,1 Milliarden Menschen von weniger als einem Dollar pro Tag. Immer neue Umweltprobleme lassen die Angst vor dem großen Kollaps wachsen. Die Ungewissheiten sind groß: Ein noch junges Phänomen wie die Globalisierung scheint schon jetzt vieles auf der Welt zum Schlechteren zu wenden. Eine wachsende Zahl von Menschen fordert das Ende oder zumindest eine Wende der Globalisierung. Doch in vielen Fällen steckt hinter den Befürchtungen eine verkürzte Sichtweise: Leicht lassen sich alle Mängel und Gefahren in einer alles andere als perfekten Welt dieser neuen Entwicklung zuschreiben. Die immensen Chancen der Globalisierung dagegen gehen in der öffentlichen Diskussion meist völlig unter. Ganz abgesehen davon, dass sich ein großer Teil der Probleme gerade durch die Globalisierung lösen lässt – wenn sie richtig angepackt wird.

Dieses Buch zeigt auf, wo die Kritik der Globalisierungsgegner zu kurz greift, wie gerade die Ärmsten profitieren können und wo die Welt neue Regeln braucht. Vor allem aber: Warum eine Welt ohne Globalisierung eine schlechtere ist.

Das Phänomen

Globalisierung, so lässt sich vereinfacht ausdrücken, ist die zunehmende ökonomische Verstrickung der Staaten der Welt. Ein stetig wachsender Welthandel, verbunden mit der Chance, die Dinge immer dort zu produzieren, wo es am günstigsten ist. Güter werden nicht mehr von A bis Z an ein und demselben Ort hergestellt, sondern in Einzelteilen an verschiedenen Orten auf der ganzen Welt. Was aber steckt hinter der Globalisierung? Warum ist sie ausgerechnet im ausgehenden 20. Jahrhundert zum Leit- und Streitthema geworden?

David Ricardo ist einer, der die ganze Geschichte früh durchschaut hat. Ricardo, Sohn eines Kaufmanns, war schon mit 14 Jahren ins Londoner Börsengeschäft eingestiegen, und mit 25 Jahren hatte er so viel verdient, dass die Arbeit zur Nebensache wurde – die Hauptsache war ihm die Erforschung der Ökonomie. Im Jahr 1817 entwickelte er das Theorem der komparativen Kosten – und lieferte damit die Basis für die Erklärung des Welthandels.

Den Welthandel gab es zu diesem Zeitpunkt schon lange, aber er war ein unerklärtes Phänomen. Merkantilisten waren bis zum 18. Jahrhundert davon ausgegangen, das einzige Ziel des internationalen Warenaustauschs sei es, möglichst viel Gold und Silber als Gegenwert der eigenen Exporte anzuhäufen. Der englische Nationalökonom Adam Smith (1723–1790) hing der Vorstellung an, die absoluten Vorteile bei der Produktion bestimmter Güter seien entscheidend: Die gleichen Güter würden in verschiedenen Ländern zu unterschiedlich hohen Kosten hergestellt, also werde das Land mit den niedrigeren Kosten seine Waren exportieren. Für alle Beteiligten wäre es demnach vorteilhaft, wenn Länder, die bestimmte Güter besonders günstig herstellen könnten, dies gleich für andere miterledigten – und ihre Überschüsse exportierten. Damit hatte Smith immerhin das Prinzip der internationalen Arbeitsteilung formuliert: Wie in jeder Familie, in jedem Unternehmen sollte in der ganzen Welt jeder das tun, was er am besten kann.

Diese Arbeitsteilung setzte natürlich voraus, dass die Länder in Handel miteinander standen. Warum sollte ein Land mit hervorragenden Äckern Vieh halten, wenn es im Nachbarland endlose, saftige Weiden gab? Die Lösung: Die einen produzierten Getreide und Futter, die anderen Milch und Fleisch. Dann tauschten sie Fleisch gegen Futter, Getreide gegen Milch, womit es in beiden Ländern genug von allen Produkten gab. So sahen Ricardos Vorgänger den Außenhandel. Was aber, wenn ein Land in allen Bereichen Nachteile hat? Kann es dann nichts ausführen? Und wenn es nichts ausführen kann: Von welchen Einnahmen soll es dann seine Einfuhren bezahlen? Ricardo ging dieser Frage nach – und erklärte erstmals, warum der Handel sich nicht auf wenige Staaten beschränkte. Er griff zwei Länder heraus, England und Portugal, und nahm an, dass beide nur zwei Güter produzieren: Wein und Tuch. Der Einfachheit halber setzte er voraus, dass sich beides allein mit Arbeitseinsatz herstellen lässt – oder sich alle Hilfsmittel in Arbeitszeit umrechnen lassen. Mit einem fiktiven Beispiel veranschaulichte er der Welt ihren Handel: Englische Arbeiter, so rechnete Ricardo vor, arbeiteten für ein Fass Wein 8 Stunden lang, Portugiesen hingegen 10. Auch beim Tuch waren die Briten schneller: 12 Stunden für einen Ballen – in Portugal waren 20 Stunden nötig. Nach der gängigen Theorie hätte England nur ausführen, Portugal nur einführen können. Nicht aber für Ricardo. Er machte sich auch Gedanken darüber, dass die Portugiesen für ein Fass Wein nur halb so viel Zeit brauchen wie für einen Ballen Tuch. Dagegen müssten britische Arbeiter verhältnismäßig länger arbeiten, bis ein Fass Wein voll ist. Die komparativen Kosten des Weines, so fand Ricardo heraus, waren in England höher als in Portugal.

Was das für den Außenhandel bedeutet? Angenommen, die Briten verbrauchten im Jahr 3 000 Fass Wein. Diese Menge herzustellen kostete sie 24 000 Stunden Arbeitszeit. Würden sie nun diesen Wein importieren, könnten sie in derselben Zeit 2 000 Ballen Tuch herstellen. Weiter angenommen, sie träten in Handel mit Portugal, und sie lieferten die 2 000 Ballen dorthin. Dann würden sich die Portugiesen 40 000 Stunden Arbeit sparen, denn ein Ballen kostete dort 20 Arbeitsstunden. In 40 000 Stunden wiederum entstanden in Portugal 4 000 Fass Wein –

mehr als genug, um den Bedarf Englands zu decken. Schickten die beiden Länder Schiffe mit Tuch in die eine Richtung und mit Wein in die andere, würde es von beidem mehr geben als vorher. Und die Preise für beide Güter – ausgedrückt jeweils in Mengen des anderen Gutes – würden fallen.

Wie so oft in der Ökonomie ist das Beispiel sehr vereinfacht und bis heute arbeitet die Wissenschaft an Verfeinerungen der Theorie. Aber es zeigt: Durch den internationalen Handel können Güter dort hergestellt werden, wo dies verhältnismäßig günstiger ist. Damit erklärte Ricardo auch, warum der Außenhandel nicht auf die industrialisierten Staaten beschränkt ist: In jedem Land lassen sich bestimmte Güter relativ leichter und billiger herstellen als in anderen Ländern – also auch in Entwicklungsländern. Immer vorausgesetzt, sie dürfen am Handel teilnehmen. Selbst ein Land, das absolut benachteiligt ist, kann so vom Außenhandel profitieren, denn durch den Export von Gütern erspart es anderen Ländern die Produktion. Mit der so gewonnenen Arbeitszeit lassen sich dort wiederum andere Waren oder Dienstleistungen herstellen. Letztlich gibt es mehr von allem für alle.

Doch es geht bei der Globalisierung ja nicht allein um den Handel mit Gütern und Dienstleistungen. Auch die Produktionsfaktoren – also Arbeit, Kapital, Boden und Wissen – stehen im internationalen Wettbewerb. Kapital ist meist rar und in den Händen weniger. Nur in einigen Ländern ist es reichlich vorhanden. Arbeit gibt es dagegen überall, aber zu sehr unterschiedlichen Preisen. Wissen, in der Ökonomie auch »Humankapital« genannt, ist ungleich über die Welt verteilt, ebenso »Boden« – nicht überall gedeihen Pflanzen ähnlich gut. Jede Produktion setzt eine bestimmte Kombination dieser Faktoren voraus. Weil die Länder der Welt aber unterschiedlich gut damit ausgestattet sind, spielen die Produktionsfaktoren eine wichtige Rolle im internationalen Wettbewerb. Doch welche Auswirkungen hat der Außenhandel auf Zinsen und Pacht, auf Löhne und Gehälter? Die Debatte darüber, wie sich diese »Preise« für Produktionsmittel im Handel ändern, zählt zu den Verfeinerungen der Ricardo-Theorie. Für die Globalisierungs-Diskussion ist sie ganz wesentlich.

Theorie-Vorreiter sind hier die schwedischen Ökonomen Bertil Oh-
lin und Eli Heckscher, die folgendes Szenario entwickelt haben: Angenommen, ein Agrar- und ein Industrieland handeln miteinander. Dann
kann das Agrarland insgesamt mehr seiner Güter verkaufen, weil es
nun einen neuen Abnehmer gefunden hat. Genauso geht es dem Industrieland. Dazu ist aber im Agrarland eine größere Anbaufläche nötig,
wogegen das Industrieland mehr Arbeiter benötigt. Dadurch steigen die
Pachtpreise im einen Land, die Löhne im anderen. Im Agrarland wird
der Boden im Verhältnis zu den dortigen Arbeitslöhnen teurer, im Industrieland geschieht genau das Gegenteil. Weltweit, so die These, gleichen sich die relativen Faktorpreise im Laufe der Zeit an. So sorgt der
Welthandel nach der Heckscher-Ohlin-Theorie dafür, dass die Löhne
dort, wo Arbeiter zunächst für wenig Geld arbeiten müssen, auf lange
Sicht steigen.

Dieses Szenario zeigt, dass die Globalisierung kein Instrument zur
Ausbeutung der Schwachen ist, sondern gerade für diejenigen, die keine gute Ausgangsposition haben, Chancen bietet. Und sie ist nicht
gleichbedeutend mit dem Exodus der Arbeitsplätze aus der industrialisierten Welt zu Gunsten neuer, menschenunwürdiger Ausbeuter-Jobs
in den Armenhäusern der Erde. So aber klingen viele der Vorwürfe, die
in der Globalisierungskritik die Runde machen – bis hin zu der Forderung, den Welthandel wieder zu beschränken, um eine Ausbeutung der
so genannten Dritten Welt zu verhindern. Aus Sicht der Entwicklungsländer aber könnte es kaum ein verheerenderes Szenario geben.

Der Verlust von Raum und Zeit

Die Globalisierung hätte nicht rasanter verlaufen können: In den letzten 20 bis 30 Jahren explodierte das Volumen des Welthandels. Dem Transport sind kaum noch technische Grenzen gesetzt, See- und Luftfracht machen jedes Gut an beinahe jedem Ort der Erde verfügbar. Unternehmen sind globale Fusionen eingegangen und produzieren überall auf der Welt. Staatsgrenzen haben ihre einstige Bedeutung verloren, Nationen haben weit reichende Handelsbündnisse geschlossen. Zölle und andere Handelshemmnisse sind enorm gesunken. Seit den 50er Jahren hat sich die weltweite Produktion von Gütern und Dienstleistungen versiebenfacht, die Exporte von Industriegütern aber stiegen preisbereinigt um das 50fache.

Zu Beginn der 90er Jahre gewann die ökonomische Integration erneut an Tempo. Das Internet eroberte die entwickelte Welt, und mit ihm verloren die Dimensionen Raum und Zeit ihre Relevanz: Im global vernetzten Dorf lässt Kommunikation den Globus zu einer Gruppe miteinander verbundener Menschen schrumpfen. Entfernungen spielen kaum noch eine Rolle, Daten wandern in Sekunden um die Welt. Zwischen 1990 und 2000 wuchs der Welthandel viermal so schnell wie das Weltsozialprodukt. Inzwischen werden knapp 30 Prozent der gesamten Weltproduktion international gehandelt. 1990 lag dieser Anteil noch bei 19 Prozent, 1970 bei 12.

Das Ende des Kalten Krieges beschleunigte diese Entwicklung zusätzlich. Über Nacht weitete sich die Sphäre der Industriestaaten gen Osten um Länder aus, die inzwischen oft kapitalistischer verfasst sind als der Westen selbst. Die privaten ausländischen Direktinvestitionen stiegen rasch an: Jeder wollte der Erste sein, der in die neuen Märkte investierte. Beliefen sich die Direktinvestitionen 1986 noch auf 168 Milliarden Dollar, schwollen sie bis zum Jahr 2000 auf 1,3 Billionen an. Noch dramatischer kletterten die internationalen Finanztransaktionen. Das komplette Volumen des Handels mit Dienstleistungen – im Jahr 2000 rund 6,2 Billionen Dollar – setzten die Finanzmärkte in Spitzenzeiten in nur vier Tagen um. In diese Zeit fällt die Geburtsstunde des Begriffes »Globalisierung«. Sie ist gekennzeichnet durch eine rasante Änderung der Lebens- und Arbeitsgewohnheiten. Der globalisierte Verbraucher des 21. Jahrhunderts ist längst an das World Wide Web angeschlossen, er arbeitet bei einem internationalen Konzern, trägt ein T-Shirt, das in China genäht ist, fährt ein koreanisches Auto und trinkt Kaffee aus den Anden. Sein Mobiltelefon kommt aus Finnland, doch der Netzbetreiber sitzt in Großbritannien. Das globalisierte Produkt wird in den Vereinigten Staaten erfunden, in Deutschland konzipiert, die Einzelteile entstehen in einem Dutzend verschiedener Länder, um in Südkorea zusammengesetzt zu werden, von wo man sie per Schiff oder Flugzeug in alle Welt verteilt: Der Beginn einer globalen Ökonomie.

Ängste ohne Grundlage

Technologische und politische Revolutionen haben die Welt in den vergangenen Jahren enorm verändert, und sie haben Ängste geschürt. Freilich sind diese Ängste in einer Welt, deren Wandel so überraschend und so heftig scheint, verständlich. Doch viele Argumente, die der Anti-Globalisierungsbewegung Zulauf verschaffen, basieren auf Irrtümern. Zum einen die Annahme, die Entwicklung ginge ewig und ungebremst so weiter. Dann würde das enorme Tempo der Entwicklung immer weniger Menschen mithalten lassen; dann würden Kulturen sang- und klanglos im globalen Mischmasch untergehen; dann würden immer weniger weltweit operierende Konzerne immer mehr Macht an sich ziehen. Die Unsicherheiten bezüglich der Zukunft treiben den Menschen oft zu solchen »Extrapolationen«, zu der Annahme, eine einmal begonnene Entwicklung setze sich permanent in dieselbe Richtung fort. Selbst dann, wenn stichhaltige Argumente für diese Vermutung fehlen.

Zum anderen gibt es die Tendenz, jedes Gerechtigkeitsproblem unter dem Stichwort Globalisierung zusammenzufassen. Dann ist sie plötzlich an blutigen Bürgerkriegen schuld, weil sie als Fortsetzung des Kolonialismus mit anderen Mitteln gilt. Sie ist verantwortlich für Kinderarbeit, obwohl diese in den betreffenden Ländern eine lange Tradition hat und gerade die Einbindung in den Welthandel vielen die Chance eröffnet, der Armutsspirale zu entkommen. Auch das Klimaproblem hängt in den Augen von Kritikern mit der Globalisierung zusammen, weil der globale Wettbewerb zum Verstoß gegen Umweltregeln führe, obwohl er dafür sorgt, dass sich die effizienteste – und meist ressourcenschonendste – Produktionsweise durchsetzt. Und schließlich werden ihr diktatorische Regimes untergeschoben, obwohl gerade die Globalisierung dazu beiträgt, offene, demokratische Gesellschaften zu schaffen. Oft genug versperrt die pauschale Kritik den Blick auf die wirklichen Probleme – nämlich dann, wenn ihre Ursachen ganz woan-

ders liegen als im zunehmenden weltweiten Austausch von Gütern und
Dienstleistungen. Die Liste der offenen Fragen ist lang: Gibt es genug Arbeit für alle?
Werden dem globalen Wettbewerb ethische, soziale oder ökologische
Grundsätze zum Opfer fallen? Stößt die Welt bald an die Grenzen ihrer
Belastbarkeit? Wird es genügend Nahrung und sauberes Wasser für die
Menschheit geben? Lässt sich das hohe Lebensniveau in der entwickel-
ten Welt halten – oder müssen sich die Menschen in der entwickelten
Welt mit weniger begnügen? Führt die Globalisierung zur Macht einiger
weniger Kapitaleigner über den Einzelnen?

Richtig ist: Die Welt ist kein perfekter Ort und sie wird es nie sein.
Immer noch klafft die Schere zwischen Reich und Arm weit auseinander, die Armut wird langsamer zurückgedrängt, als viele sich das wünschen. Vor allem die Entwicklungsländer sind durch ein Nebeneinander
von sehr reichen und sehr armen Menschen gekennzeichnet. Epidemien und Naturkatastrophen sorgen zusätzlich für großes Leid. Die
Globalisierung wird zwar nicht jedes Übel beseitigen können, aber sie
kann die Welt ein gutes Stück besser machen. Viele dieser Chancen liegen derzeit im Schatten einer Globalisierungsdebatte verborgen, die die
Risiken überbetont und nur in Schwarzweiß-Tönen malt. Diese Chancen zu enthüllen und die Debatte differenziert anzugehen, dazu will dieses Buch beitragen.

Geburt einer Gegenbewegung

Die Kritik an den rasanten Veränderungen organisiert sich. Eine macht-
volle Bewegung belebt mittlerweile die Gipfeltreffen der Reichen und
Mächtigen, um auf ihre Vorbehalte gegenüber Bestehendem und Kom-
mendem aufmerksam zu machen. Sie ist wichtig, damit die Globalisierung nicht zum ökonomistischen, menschenleeren Prozess wird, sondern eine Rückkopplung zu den Betroffenen erfährt. Die neue Bewegung kämpft gegen die so genannte »neoliberale Globalisierung«: eine
Zukunft, in der allein der Markt regiert. In dieser Zukunft, so argumentieren die Kritiker, verliere der Einzelne jede Mitsprache, werde die
Macht des Kapitals immer weiter wachsen. Den Staaten werde im internationalen Standortwettbewerb die Steuerbasis entzogen – sie wären
nicht mehr in der Lage, fundamentale Leistungen der Daseinsvorsorge
zu finanzieren. Gleichzeitig gingen Arbeitsplätze in den Industrieländern verloren, weil Unternehmen auf der Suche nach billigeren Standorten woanders fündig werden. Umwelt und Soziales spielten in der
Globalisierung eine Statistenrolle. Die Finanzmärkte würden zum
Spielball von Börsenhaien, die mit ihren Spekulationen problemlos ganze Volkswirtschaften an den Abgrund treiben könnten. Ausbeutung der
Schwächeren sei Programm – sowohl für die Multis als auch für die reichen Länder und die internationalen Finanzinstitutionen.

   Protest ist global und umfasst Menschen jeden Alters. Und weil so
viele Ängste dahinter stehen, ist die Anti-Globalisierungsbewegung
mittlerweile eine Melange aller möglichen Bewegungen: Versprengte
Pazifisten und Linke, die nach dem Ende der bipolaren Welt eine neue
Heimat suchen; Umweltschützer und Menschenrechtler, die sich eine
breitere Basis für ihr Anliegen versprechen; Gewerkschafter, die mal um
soziale Standards in aller Welt, mal um heimische Jobs bangen; kirchliche Gruppen, die für eine gerechtere Welt eintreten; es schließlich auch
jene, die in einer entgrenzten und entnationalisierten Welt schlicht Halt
und Orientierung verloren haben. Und weil die Kritik so breit angelegt

ist, findet jeder in der Bewegung das, was ihm gerade am Herzen liegt. Mit einem an der Gerechtigkeit orientierten Forderungskatalog trifft die Bewegung den Nerv vieler.

Aus der Vielfalt der Interessen hat sich mittlerweile das Netzwerk Attac herausgeschält. Es koordiniert die Arbeit verschiedener globalisierungskritischer Gruppierungen und umfasst damit die ganze Bandbreite – von der Linken bis zur Eine-Welt-Gruppe, von Umweltschützern bis zu Pazifisten. Gegründet 1998 in Frankreich, wollte sich Attac ursprünglich für die Einführung einer Devisentransaktionssteuer einsetzen – daher auch der Name: Association pour une taxation des transactions financières pour l'aide aux citoyens. Diese Steuer soll große Finanztransaktionen für Spekulanten verteuern und damit die Finanzmärkte stabilisieren, um plötzliche Kapitalflucht wie im Umfeld der Asienkrise zu verhindern. Das Steueraufkommen soll den Armen zugute kommen. Doch mittlerweile haben sich die Ziele Attacs erweitert. Nach den öffentlichkeitswirksamen Protesten vor diversen Gipfeltreffen sind die Mitgliederzahlen sprunghaft gestiegen – schon fünf Jahre nach seiner Gründung gehörten dem Netzwerk 90 000 Menschen in 50 Ländern an – und damit auch die Anliegen, die es unter einen Hut bringen muss. Die These von der »neoliberalen Globalisierung«, die es zu bekämpfen gilt, ist der Versuch, die Vielzahl der Themen auf ein Grundmuster zurückzuführen. Damit wird der Welthandel zum Kern der globalen Probleme, wird der reine Markt, den neoliberale Ökonomen propagieren, zum Synonym für Ausbeutung. Die Argumentation der Globalisierungsgegner lässt sich so problemlos auch großen Massen erklären, an Tiefe aber gewinnt sie dadurch nicht.

Die andere Sicht

Dieses Buch hinterfragt die 10 wichtigsten und populärsten Thesen der Globalisierungsgegner. Es will nicht die möglichen negativen Effekte der Globalisierung kleinreden, noch wird der freie Markt zum Allheilmittel für ökonomische Probleme stilisiert. Doch es sind dringend Korrekturen am Weltbild der Globalisierungsgegner angebracht, denn viele der von ihnen geschürten Ängste sind überzogen, nicht gerechtfertigt und werden von politischen Lobbyisten missbraucht, um die eigenen Ziele zu verfolgen. *Die 10 Irrtümer der Globalisierungsgegner* zeigt auf, wie sich gerade durch den freien Welthandel soziale und ökologische Missstände beseitigen lassen, wie die jüngsten globalen Entwicklungen die Rechte von Gruppen stärken können, die seit Jahrhunderten benachteiligt werden. Warum durch die Globalisierung viele neue Arbeitsplätze entstehen und wie dies den Wohlstand aller beteiligten Länder steigert. Warum es ohne die großen Weltfinanz-Institutionen nicht geht – und wie sie in Zukunft effektiver arbeiten können. Warum Finanzmärkte zwar Regeln brauchen, aber gleichzeitig viele Freiheiten. Und warum die Globalisierung nicht gleichbedeutend ist mit einer Abwärtsspirale bei Verbraucherschutz, Sozial- und Umweltstandards, bei kulturellen Werten und sozialem Miteinander.

Natürlich sind auch die positiven Effekte der Globalisierung keine Selbstläufer. Die Welt wird nicht allein dadurch gerechter, dass Unternehmen nun verstärkt die Möglichkeit nutzen, an günstigen Standorten zu produzieren. Doch mit den richtigen Rahmenbedingungen steigen die Chancen gerade für die Menschen, die bislang von der Hand in den Mund lebten. Sicher lässt sich einwenden, dass deren Lebensstandard, gemessen an den industrialisierten Ländern, noch immer lächerlich niedrig ist. Doch dabei bleibt unberücksichtigt, von welchem Entwicklungsstand diese Volkswirtschaften ausgehen. Begreift man die Globalisierung als einen Prozess, der eben erst begonnen hat, erscheint vieles hoffnungsvoller: Dann trägt die global vernetzte Kritik gerade dazu bei,

Missstände zu beseitigen, die es schon lange vor dem Globalisierungs-
schub der vergangenen Jahre gab. Dann können alle Menschen ihre Fä-
higkeiten in die globale Wirtschaft einbringen und sowohl eine wirtschaftliche Stärkung als auch Demokratisierungsprozesse vorantreiben.
Einer erstarkenden Basis ist es zugleich möglich, die größten Übel von
Entwicklungs- und Schwellenländern anzugehen, nämlich Korruption
und Misswirtschaft. Im Laufe dieser Entwicklung können globale Institutionen einen Rahmen für den wachsenden Kapital-, Güter- und
Dienstleistungsverkehr errichten, der allen beteiligten Staaten Sicherheit bietet – ohne dass Länder befürchten müssen, von anderen über-
vorteilt zu werden.

Der Weg in eine bessere Welt ist steinig. Es wird Abzweigungen geben, die in die Irre führen. Auch deshalb sind die mahnenden Stimmen
der Kritiker so wichtig, die immer wieder die Richtung infrage stellen.
Wird aber die Kritik zur pauschalen Ablehnung, die das andere per se
zum Schlechteren erklärt, ist sie unglaubwürdig. Sicher ist es oft leichter, die Risiken zu formulieren, sie mit Negativ-Beispielen zu unterfüt-
tern und daraus zu folgern, die Welt werde täglich schlechter. Unter-
gangs-Propheten hat es zu allen Zeiten gegeben. Auf der anderen Seite
aber stehen die Chancen einer zusammenrückenden Welt. Sie gehen
viel zu oft unter – und damit auch die Diskussion darüber, welche Strukturen eine »gerechte« Globalisierung braucht. Denn längst stellt sich
nicht mehr die Frage, ob die Globalisierung der Welt nützt. Sondern wie
sie es am besten kann.

Markus Balser und Michael Bauchmüller

Irrtum Nr. 1:
Mächtige internationale Konzerne regieren die Welt

> Die, die wir gewählt haben, haben keine Macht
> und die, die Macht haben, haben wir nicht gewählt.
> *Plakat eines Globalisierungsgegners*

Sie gründete Hongkong und Singapur. Sie nahm Napoleon gefangen. Sie brachte den Engländern Tee, den Russen Seide und Opium den Chinesen. Für viele war sie Inbegriff ungeheuren Wohlstands, für andere das Verderben: Die East India Company war der mächtigste Konzern, den die Welt je gesehen hat. Vor mehr als 400 Jahren, im Dezember 1600, setzte Königin Elisabeth I. ihre Unterschrift unter die Gründungsakte. Die Anteilseigner der noch jungen Gesellschaft, mehr als 200 Adlige und Händler aus der Londoner City, erhielten damit von der englischen Königin ein – zeitlich befristetes – Handelsmonopol für Ostindien. Unternehmerisches Gespür, aber auch dubiose Geschäfte ließen den Konzern aufblühen: Die Company begann, billige indische Baumwolle nicht nur nach Großbritannien zu liefern, sondern nach ganz Europa und sogar in die USA. Auch nach China dehnte sie ihre Geschäfte aus. Weil Produzenten dort kein Interesse an Tauschgeschäften mit anderen Produkten der Company hatten, entlohnte das Unternehmen chinesische Geschäftspartner mit illegal importiertem Opium aus Bengalen. Über die Jahre wurde der Konzern zu einem bedeutenden Machtfaktor und nahm staatsähnliche Züge an. Sogar eine eigene Armee legte sich die East India Company zu und regierte von der Mitte des 18. Jahrhunderts an mit lokalen Feudalherren als Marionetten einen ganzen Subkontinent. Doch die Macht war nicht von Dauer. Zu viele

Eigner waren auf das schnelle Geld bedacht, kaum einer hatte ein Interesse an der langfristigen Entwicklung der Besitztümer. Die englische Regierung musste dem Unternehmen 1773 mit einem hohen Kredit unter die Arme greifen. Dafür zog sie die politische Verwaltung Indiens teilweise an sich – der Anfang vom Ende des ersten wirklich globalen Unternehmens. Als die East India Company rund einhundert Jahre später auch formal aufgelöst wurde, kommentierten Chronisten, nie wieder werde ein Unternehmen eine derartige Machtfülle an sich ziehen können.

Die Globalisierungsgegner sind sich da nicht so sicher. Unternehmen zählen zu den mächtigsten politischen Kräften unserer Zeit, warnt Naomi Klein, eine der Galionsfiguren der Bewegung, die die weltweite Präsenz und den Einfluss der Konzerne fürchtet.[1] Die Globalisierung verschärfe den Wettbewerb der Nationen, erklären Globalisierungsgegner. Längst ist für sie ausgemachte Sache: Wenn Politiker hohe Steuern verlangen, wandern Unternehmen ab. Für unabhängige politische Entscheidungen sei der Vorhang längst gefallen. »Multis degradieren Menschen zu Verbrauchern«, erklärt der amerikanische Kulturkritiker Benjamin Barber. Die Globalisierung sei der tägliche Terror des Kapitalismus, poltert der Sozialwissenschaftler Jean Ziegler. Und alles könne noch viel schlimmer kommen, warnt der französische Soziologe Pierre Bourdieu und entwirft das Horrorszenario eines weltumspannenden »Rationalisierungsregimes«, das Millionen von Jobs vernichtet. Politische Entscheidungen werden reduziert auf minimale Abweichungen vom wirtschaftsfreundlichen Kurs eines schlanken Staates, auf »Pepsi oder Coke«, glaubt *New-York-Times*-Kolumnist Thomas Friedman. Die Debatte scheint vertraut. Schon in den 6oer und 7oer Jahren demonstrierte die Linke gegen die Auswirkungen des Konzernimperialismus und die »Coca-Colonisierung« der Erde. Sollen also verlorene ideologische Schlachten von einst jetzt noch einmal geschlagen werden? Nein, entgegnen die Aktivisten, denn mit dem schwerfälligen Gegner von gestern hätten die beweglichen Riesen von heute nichts gemein. Aber werden Konzernlenker tatsächlich zu den neuen Herrschern der Welt?

Vorbehalte gegen internationale Großkonzerne sind überall auf der

Welt in Mode gekommen. Multinationale Unternehmen gelten als die Lieblingsfeinde der Globalisierungsgegner. Radikale Kritiker warfen während der WTO-Ministerkonferenz in Seattle und am Rande des Weltwirtschaftsgipfels in Davos aus Protest die Fensterscheiben von McDonald's-Filialen ein. Auch bei zivilisierten Auseinandersetzungen auf internationalen Konferenzen warnen Umweltaktivisten, Gewerkschafter, Bürgerrechtler, Verfechter eines starken Staates und multikulturell Bewegte ideologieübergreifend vor den globalen Ungeheuern der Weltwirtschaft. Doch Globalisierungskritiker irren, wenn sie Unternehmen zur uneingeschränkten Machtinstanz über Politik und Verbraucher stilisieren. Denn die Globalisierung steht nicht nur für Fusionen, Rationalisierung und Privatisierung. Sie steht auch für einen stärkeren Wettbewerb auf größeren Märkten, auf denen Konzerne größer und schwächer zugleich werden.

Bewegliche Riesen

Wie kaum ein anderes gilt das rot-weiße Firmensignet von Coca-Cola
als Symbol der Globalisierung. Bereits 1929 verkaufte das Unternehmen die Brause des Firmengründers John Stith Pemberton in 28 Ländern. Im Zweiten Weltkrieg waren Cola-Abfüllstationen die Nachhut
amerikanischer Truppen. Die ganz große globale Expansion trieb die
Zentrale in Atlanta aber erst in den 70er und 80er Jahren voran. Die
Transportpreise waren drastisch gefallen, die Kommunikationstechnik
wurde besser und billiger, gesetzliche Schranken wurden abgebaut,
Regulierungen ausländischer Investments beseitigt und die internationalen Kapitalmärkte liberalisiert. Autohersteller, Nahrungsmittelkon-
zerne und Textilunternehmen – sie alle begannen damit, Produkte
über große Entfernungen hin- und herzuschiffen und einzelne Ar-
beitsschritte dort zu erledigen, wo es besonders günstig war. Der US-
Ökonom Paul Krugman nannte das die »Zersplitterung der Produk-
tionskette«. Heute ist Coca-Cola in mehr als 190 Ländern der Erde
vertreten und liefert weltweit fast die Hälfte aller Softdrinks.

In den Führungsetagen der Konzerne gilt Internationalität als ent-
scheidendes Überlebenskriterium. Nicht etwa, um die Welt ihrem Einfluss zu unterwerfen, wie es die Gegner ihnen vorwerfen, sondern weil
der globale Wettbewerb die Unternehmen zu Fusionen und einer internationalen Konzernstruktur zwingt. Nach einer Schätzung der UN-Ent-
wicklungsorganisation Unctad gibt es bereits mehr als 65 000 transna-
tionale Unternehmen, die im Ausland 54 Millionen Mitarbeiter
beschäftigen – mehr als doppelt soviele wie 1990. Der Jahresumsatz dieser Konzerne erreichte 2001 rund 19 Billionen US-Dollar. Sie sind die
Schrittmacher der Globalisierung. Besonders in Branchen mit hohen Exportquoten, wie der Automobil-, Öl-, Chemie-, Medien- oder Pharmain-
dustrie, schreitet die Globalisierung der Organisationsstrukturen rasch
voran. Noch stammen 95 Prozent der großen Multis aus westlichen Industrienationen, doch Unternehmen aus Entwicklungs- und Schwellen-

ländern wie Cemex aus Mexiko, Petróleos de Venezuela, Petronas aus Malaysia und die koreanische LG Electronics haben den Sprung unter die großen Hundert der transnationalen Konzerne bereits geschafft.

Für Nokia war der Schritt auf den Weltmarkt die einzige Chance, zu überleben. Dabei war Jorma Ollila, der Chef des finnischen Unternehmens einer von denen, die in den 70ern selbst gegen einen drohenden Konzernimperialismus auf die Straße gingen. Als engagierter Linker war er Vorsitzender des finnischen Studentenverbandes, organisierte Solidaritätskampagnen für die Gewerkschaften in Chile und lobte die Friedenspolitik des sowjetischen KP-Chefs Leonid Breschnew. Heute steht Ollila für einen weltweiten Expansionskurs und die Internationalisierung des Unternehmens. Als er 1992 zum Konzernchef berufen wurde, war das Unternehmen aus dem waldreichen Fünf-Millionen-Einwohner-Land am Rande Europas noch ein Gemischtwarenladen. Nokia kümmerte sich in erster Linie um den abgelegenen Heimatmarkt – mit bescheidenen wirtschaftlichen Perspektiven. Als Forstbetrieb Ende des 19. Jahrhunderts gegründet, stellte das Unternehmen vor allem Windeln, Gummistiefel, Toilettenpapier und Reifen her. Und nebenbei begann es, Mobilfunkgeräte in die Sowjetunion zu liefern. Ein schier ausweglosér Überlebenskampf, so schien es: Die finnischen Industriestrukturen waren verkrustet, weil die Konzerne mit der Sowjetunion über lange Jahre einen Abnehmer selbst für veraltete Technologien fanden. Nun aber ging dem Nachbarn das Geld aus, und Nokia stand vor dem Ende.

Doch mit dem Ende des Kalten Krieges begann die Zeit der verstärkten Internationalisierung und plötzlich spielte die abgelegene geographische Lage Finnlands keine entscheidende Rolle mehr. Finnland war nicht mehr auf den Sowjetmarkt angewiesen. Ollila setzte alles auf eine Karte – die Telekommunikation. Er spaltete unrentable Konzernteile ab, förderte die Erforschung und Entwicklung der neuen Technologie und begann Handys für die ganze Welt produzieren. Der Konzern, 1992 fast pleite, wies im Jahr 2002 mit weltweiten Geschäften einen Rekordgewinn von 5,4 Milliarden Euro aus. Jedes dritte Känni, wie die Finnen ihr Handy nennen, das irgendwo auf der Erde verkauft wird, trägt heute das Logo von Nokia. Hinter Coca-Cola, Microsoft, IBM und Intel rangiert die

Marke auf Platz fünf der internationalen Bekanntheitsskala. Auf dem entlegenen Heimatmarkt erwirtschaftete Nokia im Jahr 2000 nur noch zehn Prozent seines Umsatzes von 30,4 Milliarden Euro. Während Nokia, Metro oder Porsche aus eigener Kraft wachsen, entschließen sich andere, Marktmacht zu kaufen. Die späten 90er Jahre verzeichneten einen nie da gewesenen Fusionsboom. Im Jahr 2000 lag der Wert der abgeschlossenen Übernahmen bei mehr als 1,7 Billionen Euro – ein historischer Rekordwert. Die zehn größten Zusammenschlüsse aller Zeiten fanden nach 1997 statt. So schluckte der Pharmariese Pfizer den Konkurrenten Pharmacia, America Online den Medienkonzern Time Warner und Boeing kaufte den einzig verbliebenen US-Konkurrenten McDonnell Douglas. In der Autoindustrie schlossen sich Daimler Benz und Chrysler zusammen und kauften Mitsubishi. Nissan gehört mittlerweile zu Renault und Ford führt Volvo in seiner Bilanz. Schließlich kaufte der britische Mobilfunkkonzern Vodafone die deutsche Mannesmann – mit einem Kaufpreis von 173 Milliarden Dollar die größte Übernahme aller Zeiten.

Ist es noch Monopoly oder schon Roulette, fragten sich Globalisierungskritiker besorgt und läuteten das »Jahrhundert der Unternehmen« ein. Ihre Wirtschaftskraft sei inzwischen größer als die vieler Staaten. Unter den 100 größten Wirtschaftseinheiten der Welt rangierten bereits 51 Konzerne und nur noch 49 Staaten, warnt Naomi Klein. General Motors sei mit einem Umsatz von 160 Milliarden Dollar mächtiger als Norwegen, Saudi-Arabien oder Südafrika, Shell mit 135 Milliarden Dollar potenter als Griechenland, Malaysia und Kolumbien. Wal-Mart, der mit 218 Milliarden Dollar umsatzstärkste Konzern, schlägt sogar Nokias Heimat Finnland. Die 200 größten Unternehmen haben höhere Einkünfte als 182 Staaten und 80 Prozent der Weltbevölkerung.[2] Für das Jahr 2002 wies der Medienriese AOL Time Warner den Rekordverlust von fast 100 Milliarden Dollar aus. Damit verlor der Konzern binnen eines Jahres mehr Geld, als Irland in einem Jahr erwirtschaftete.

Doch der Einfluss großer Konzerne wird häufig maßlos überschätzt. Die Bedeutung der 50 größten Konzerne nahm nach UN-Angaben im vergangenen Jahrzehnt ab. Ihr Anteil am Weltbruttoinlandsprodukt fiel von fast 3 Prozent 1990 auf 2,8 Prozent im Jahr 2000. Naomi Kleins oft zitierter Vergleich von Staaten und Konzernen muss als Irrtum entlarvt werden. Denn sie vergleicht den Umsatz von Unternehmen mit dem Bruttoinlandsprodukt von Staaten. Tatsächlich aber ist zum Beispiel Wal-Mart, das größte Unternehmen der Welt, mit verkauften Waren im Wert von 218 Milliarden Dollar keinesfalls produktiver als Saudi-Arabien mit einem Bruttoinlandsprodukt von rund 150 Milliarden Dollar. Denn während das Bruttoinlandsprodukt die Wertschöpfung von Staaten angibt, werden bei Wal-Mart schlicht Verkaufsumsätze addiert. Anders als bei der BIP-Rechnung bleiben hier die Kosten, etwa für den Einkauf von Waren, unberücksichtigt. Während der Umsatz des Konzerns bei 218 Milliarden Dollar liegt, erreicht die Wertschöpfung, die aus der Summe von Gewinnen von Steuern, der Lohnsumme und der Amortisierung von Abschreibungen besteht und mit dem Bruttoinlandsprodukt vergleichbar ist, nur rund 30 Milliarden Dollar. Damit ist die Wirtschaftskraft der USA noch immer rund 330 Mal größer als die ihres zweitgrößten Unternehmens. Gerade zwei Unternehmen – der Ölmulti Exxon Mobil und der Autokonzern General Motors – schaffen so den Sprung unter die großen 50 Wirtschaftseinheiten der Welt. Zudem haben Machtkonzentrationen einen traditionellen Gegenspieler: Kartellämter verhindern, dass sich mächtige Konzerne dem Wettbewerb entziehen, die Qualität senken und die Preise erhöhen können – Konsumenten also ausbeuten.

Marktwirtschaft oder Machtwirtschaft?

Fürchtete die Linke in den 70ern noch den Fluch, Regierungen könnten
schon bald überall sein und jede Individualität kontrollieren, ist heute
die größte Sorge der Globalisierungskritiker, ihre Macht könne mit dem
wachsenden Einfluss von Unternehmen völlig erodieren. Doch woher
soll eigentlich die Macht der Konzerne kommen? Die Antwort zeigt die
Doppelzüngigkeit der Kritiker: Denn als Zwangsmittel sehen sie nicht
etwa den drohenden Einmarsch, sondern den Rückzug oder die ausblei-
bende Invasion. Im internationalen Standortwettbewerb könnten Konzerne Staaten im Kampf um die besten Rahmenbedingungen gegeneinander ausspielen. Damit unterstellen die Globalisierungsgegner den
Nationen jedoch, dass für sie ökonomisch nur eines schlimmer wäre,
als von den Multis überrollt zu werden, nämlich nicht von ihnen überrollt zu werden.»Wir vergeben den Kreuzrittern und erwarten die Investoren«, titelte eine osteuropäische Tageszeitung 1999 beim Besuch des
deutschen Bundeskanzlers zusammen mit einer Industriedelegation.
Denn geradezu händeringend werden die Investoren in vielen Entwick-
lungs- und Schwellenländern erwartet.

Droht den Ländern, die um die Gunst der Multis buhlen, neues Un-
gemach? Nein, denn in der Praxis zeigt sich, dass multinationale Unternehmen entgegen der Vermutung von Globalisierungsgegnern einen
wichtigen Beitrag zur Steigerung des Lebensstandards im Gastland leisten. Sie bezahlen ihren Beschäftigten höhere Löhne als nationale Unternehmen, sind produktiver und geben mehr für Forschung und Entwicklung aus, stellte die OECD in einer umfangreichen Studiefest. So lag der
Durchschnittslohn der Multis in Japan 36 Prozent über dem einheimischer Konzerne, in den USA 9 Prozent und im Niedriglohnland Türkei sogar 107 Prozent. Die Produktion pro Mitarbeiter übertraf die nationaler Konzerne in Italien um 108 Prozent, in Deutschland um 79 Prozent
und in den USA um 31 Prozent. In allen untersuchten Ländern stiegen
die Forschungsausgaben der Multis in den 90er Jahren deutlich an.

Nie waren die Märkte offener als heute. Nach der Logik der Globalisierungsgegner bedeutet dies, dass der zunehmende Standortwettbewerb die Möglichkeiten der Staaten einschränkt, Hoheitsaufgaben aus-
zuüben, zum Beispiel das Erheben von Steuern. Schließlich können
Unternehmen und private Steuerzahler das Weite suchen, wenn ihnen
die Abgaben zu hoch sind. Das wiederum führe zu deutlich niedrigeren
Steuersätzen, untergrabe die Macht der Staaten und schränke ihren
Spielraum beim Angebot öffentlicher Güter ein. Doch diese Annahmen
sind falsch, denn in Wirklichkeit verlangen Staaten heute mehr Steuern
und Abgaben denn je. Die Fiskalquote, die alle Steuereinnahmen ein-
schließlich Sozialversicherungsabgaben im Verhältnis zum Bruttoinlandsprodukt angibt, stieg in den OECD-Ländern von 30,5 Prozent des
Bruttoinlandsproduktes 1975 auf 37,4 Prozent im Jahr 2000. Der Zu-
wachs verlief dabei kontinuierlich. Auch in den letzten fünf Jahren dieser Periode legte die Quote noch einmal um 1,3 Prozentpunkte zu. Zwar
gibt es regionale Unterschiede im Volumen der Abgabenlast, nicht aber
in der Tendenz. So betrug die Fiskalquote im Jahr 2000 in Mexiko 18,5
Prozent, in Deutschland 37,9 und in Frankreich 45,3 Prozent. Damit lag
sie in Mexiko 1,5, in den USA 2,7, in Deutschland 2,6 und in Frankreich
sogar 9,4 Prozentpunkte über dem Vergleichswert von 1975.[3]

Globalisierungsgegner mögen einwenden, Staaten könnten in Zeiten
eines scharfen Standortwettbewerbs wohl kaum ähnlich hohe Steuersätze von Multis verlangen wie noch vor 30 oder 40 Jahren. Tatsächlich aber
machten Unternehmenssteuern Mitte der 70er Jahre in den reichen
OECD-Ländern 8 Prozent aller Steuereinnahmen aus. Im Jahr 2000, zu
Hochzeiten einer vermeintlich anarchischen Unternehmenswelt, lag der
Anteil bei 9 Prozent. Die Besteuerung der Unternehmensgewinne hat
ebenfalls zugenommen. Wenn Unternehmer also tatsächlich die Macht
über die Politik haben, warum lassen sie sich das gefallen?

Zwar mag die Entgrenzung der Konzerne Regierungen in einigen
Bereichen unter Druck setzen. So sind Unternehmen beispielsweise in
der Lage, Gewinne innerhalb der Organisation so zu verschieben, dass
sie möglichst wenige Steuern zahlen müssen. Die Globalisierung selber
aber vermag Regierungen nicht zu entmachten. Giganten wie Nokia

oder Siemens mögen leichtfüßig sein. Dass sie heimatlos sind, ist eine Mär. Meist sind sie so eng mit Ländern und Regionen verbunden, dass Regierungen auch in Zeiten zunehmender Internationalisierung eine Hoheitsgewalt über sie ausüben. Die Erfahrungen des gemeinsamen Wirtschaftsraumes der Europäischen Union beweisen, dass kulturelle Unterschiede, verschiedene Rechtsräume und Sprachbarrieren auf der einen Seite sowie weiche Standortfaktoren wie Bildungssysteme oder ein funktionierendes Rechtssystem auf der anderen Unternehmen davon abhalten, ihre Zelte in Hochsteuerländern abzubrechen. Deutsche Großkonzerne haben die Möglichkeit, in Länder wie Portugal oder Irland auszuwandern, aber sie tun es nicht. Wohl auch, weil unklar ist, wie lange die Löhne dort noch unter dem EU-Durchschnitt liegen werden. Und selbst wenn ein Konzern das Land verlässt – für die meisten kleineren und mittleren Firmen würde sich ein Umzug nicht lohnen. Der überwiegende Teil des Dienstleistungssektors, darunter Steuerberater, Frisöre oder Ärzte, verantwortlich für immerhin 60 Prozent der Weltwirtschaft, wird seine Steuern auch weiterhin im Heimatland bezahlen.

Ein massiver Abbau der Staatsmacht ist auch gar nicht im Interesse der Unternehmen. »Früher dachten Konzernchefs, sie brauchen den Wilden Westen«, sagt Saskia Sassen, Soziologin an der Universität in Chicago. »In Wahrheit aber brauchen sie verlässliche Regeln, Standards, Garantien, Rechtssicherheit«, erklärt Sassen, die zu den bekanntesten Forschern in Sachen Globalisierung gehört.[4] Weltweit gibt es nur eine sehr begrenzte Zahl von Standorten, von denen aus die Zentralen großer Konzerne operieren können. Daher sind Konzerne mit ihren Heimatländern oft viel stärker verbunden, als sie oft zugeben wollen, da mögen sie noch so viele internationale Niederlassungen haben.

Für Unternehmen sind starke Staaten ebenso wichtig wie starke Unternehmen für Staaten. Warum sonst wäre ausgerechnet der besonders bewegliche High-Tech-Konzern Nokia, der durch die moderne Kommunikationstechnik seine Geschicke doch von jedem Ort der Welt lenken könnte, noch immer in einem Hochsteuerland wie Finnland beheimatet? Die Steuern fließen in ein ökonomisches Umfeld, das der

Konzern braucht, um auf dem Weltmarkt zu bestehen. Vor allem in ein Bildungswesen, das hoch qualifiziertes Personal hervorbringt, aber auch in eine gut ausgebaute Infrastruktur und ein funktionierendes Gesundheitswesen. Entscheidend für die Wettbewerbsfähigkeit eines Standortes ist nicht der Umfang staatlicher Einnahmen und Ausgaben, sondern deren Qualität.

So gibt beispielsweise Finnland nach Schweden mit 7,5 Prozent des Bruttoinlandsproduktes mehr für Bildungsaufgaben aus als jedes andere Land. Niemand investiert zudem so viel in öffentliche Forschungs- und Entwicklungseinrichtungen wie die Finnen.[5] Mit Erfolg, denn kein anderes Volk ist so erfinderisch: Pro Kopf meldeten sie am Europäischen Patentamt die meisten Patente aller EU-Länder an. Das hat auch Folgen für die Wirtschaftskraft des Landes. Denn Volkswirtschaften, die bei Innovationen führend sind und geistige Eigentumsrechte daran haben, erzielen auf dem Weltmarkt hohe Gewinne. Zwischen 1996 und 1998 hat jedes dritte finnische Unternehmen ein völlig neues Produkt auf den Markt gebracht. Ein Umfeld, aus dem auch Nokia-Chef Jorma Ollila neue Produktideen schöpfen kann. Das Genfer Weltwirtschaftsforum (WEF), das in jedem Jahr zusammen mit der Harvard-Universität in seinem Weltwettbewerbsbericht (Global Competitiveness Report) die aktuelle Wettbewerbsfähigkeit und die künftigen Wachstumschancen von Nationen ermittelt, stufte Finnland 2001 in beiden Kategorien trotz hoher Steuern auf Platz eins ein. Damit ist das Land an der europäischen Peripherie nach dem Urteil des WEF neben den USA zu einem der attraktivsten Standorte der Erde geworden.[6] Nokia bestreitet dabei ein Viertel aller Exporte und 4 Prozent des finnischen Bruttoinlandsproduktes.[7] Damit hängt für Finnland viel vom Erfolg des Unternehmens ab. Gleichzeitig ist aber auch Nokia auf die Unterstützung des Staates und die finnische Infrastruktur angewiesen.

Auch Investitionen sind, obwohl sich das Kapital die rentabelsten Einsatzorte suchen kann, überwiegend national gebunden. Problemlos könnten deutsche Firmen in aller Welt investieren, um dort höhere Gewinne zu erzielen – und niedrigere Steuern zu zahlen. Doch sie investieren in Hamburg, München oder Köln. So kamen 2002 fast 85 Pro-

zent des in Deutschland investierten Kapitals aus dem Inland, in den
USA waren es 80 Prozent. Noch weit weniger mobil als das Kapital sind
die Arbeitskräfte. Zwar gelten für Top-Manager kaum Grenzen, sind die
Führungsgremien großer Konzerne heute international besetzt. Doch
der gemeine Arbeitnehmer tut sich schwer, seine Stelle in Reutlingen
aufzugeben, um sich in Chicago oder Sydney einen neuen Job zu suchen.

Chancen des Wettbewerbs

Mit der Globalisierung sind nicht nur die Konzerne gewachsen, sondern auch ihre Märkte. Das verspricht mehr Kunden, bedeutet aber auch oft mehr Wettbewerber. Früher war Telefonieren in Deutschland im wahrsten Sinne des Wortes nach ein Staatsakt. Die Deutsche Telekom betrieb als konkurrenzloser Staatsbetrieb das Telefonnetz. Anrufe waren so teuer, dass man möglichst selten zum Hörer griff. Der Kundenservice verdiente seinen Namen nur selten. Wehren konnten sich Konsumenten dagegen nicht, schließlich gab es keinen anderen Anbieter. Heute ist der Konzern nur noch einer unter vielen. Wer unzufrieden ist, kann zur Konkurrenz wechseln. Die Telekom ist dieser Tage zwar ungleich größer als noch vor 10 Jahren, mächtiger ist sie deshalb noch lange nicht. Denn Unternehmen profitieren nicht nur von den größer gewordenen Märkten, sie fürchten auch ihre Folgen. Gerade der internationale Wettbewerb gilt als wichtige Barriere, die das Entstehen machtvoller Großunternehmen, wie es beispielsweise die East India Company war, verhindert.

Auch auf dem Flugmarkt weht ein frischer Wind. Über Jahrzehnte hatte der Kranich die Lufthoheit über Deutschland. Erst als die EU-Kommission 1997 beschloss, die antiquierten inländischen Streckenrechte in der Gemeinschaft abzuschaffen und den Fluggesellschaften nahezu unbegrenzt Flugrechte zu gewähren, brach die Dominanz der Lufthansa auf. Kleine und vor allem bilige Fluggesellschaften machen seither den etablierten Airlines zu schaffen. Und obwohl die Bilanzsumme deutscher Autohersteller vor 30 Jahren nur einen Bruchteil der heutigen ausmachte, war ihre Marktmacht ungleich größer. Erst als in den 70er Jahren die ersten japanischen Autokonzerne auf den europäischen Markt verrückten, entwickelte sich ein harter Wettbewerb am Kunden. Heute ist die Konkurrenz bei Klein- und Mittleklassewagen so groß, dass Hersteller hohe Preisnachlässe gewähren müssen.

Wirksame Kontrollinstanzen, wie beispielsweise die Europäische Union, sorgen dafür, dass sich Unternehmen dem Wettbewerb nicht entziehen können. Ökonomen und Juristen der Merger Task Force der Europäischen Kommission in Brüssel sollen verhindern, dass sich Konzerne verbünden und die Preise zum Nachteil der Konsumenten erhöhen. Dass von den 685 in den Jahren 2000 und 2001 geprüften Zusammenschlüssen nur sieben abgelehnt wurden, hat einen einfachen Grund: Viele Firmen geben ihre Fusionspläne auf, bevor sie in die Statistik gelangen – aus Angst, die Behörde könnte Einspruch erheben. In anderen Fällen genehmigt das Amt Fusionen nur unter strengen Auflagen wie der Abspaltung ganzer Konzernteile. So musste beispielsweise Mannesmann bei der Übernahme durch Vodafone die britische Mobilfunktochter Orange verkaufen, weil Vodafone sonst auf der Insel eine zu große Marktmacht erlangt hätte. 2001 stoppte der Wettbewerbskommissar Mario Monti den Zusammenschluss des weltgrößten Konzerns General Electric mit Honeywell. In den USA hätten Kartellwächter beinahe für eine Aufspaltung von Microsoft gesorgt. Zudem verhinderten sie den Zusammenschluss der Rüstungsriesen Lockheed Martin und Northrop Grumman. Durch die Globalisierung der Märkte ist die Task Force in der Lage, eine wirksame Überwachung durchzuführen.

Gelangen Unternehmen auf den internationalen Märkten dennoch zu gefährlich großer Marktmacht, sind nicht zwangsläufig Globalisierungstendenzen schuld, sondern häufig die Relikte nationalstaatlichen Denkens. Ausgerechnet die internationale Wettbewerbskontrolle wird noch immer stark von nationalen Interessen geleitet, wie der Streit zwischen Europa und den USA aus dem Jahr 1996 zeigt, der in wettbewerbsrechtlichen Fragen immer wieder als Beispiel genannt wird. Mit Boeing, McDonnell Douglas und Airbus existierten zur damaligen Zeit drei große Flugzeughersteller. Dann gaben die beiden US-Konzerne ihre Fusion bekannt, wodurch es nur noch zwei Konkurrenten gab. Keine Gefahr für den Wettbewerb, glaubten die Experten der amerikanischen Trade Commission, die die US-Unternehmen im Kampf gegen die europäische Konkurrenz stärken wollten. Eine massive Einschränkung, befand dagegen die EU-Kommission. Denn der Verlierer dieser

Fusion ohne Auflagen wäre zweifellos der europäische Konkurrent Airbus gewesen. Nach langen Verhandlungen wurde die Fusion schließlich nur unter Auflagen genehmigt. Der Fall beweist: Während die Unternehmen längst an die Märkte in der ganzen Welt denken, konzentrieren sich Regierungen auf die Interessen ihrer Wähler innerhalb der Landesgrenzen. Was aber tun, wenn sich die verschiedenen nationalen Kontrolleure des internationalen Wettbewerbs nicht einig werden?

Um den Wettbewerb auf dem Weltmarkt zu wahren und eine national interessengeleitete Kontrolle zu verhindern, wird der Ruf nach einer Weltkartellbehörde immer lauter. Doch droht eine solche internationale Instanz den Streit der Kontrolleure um nationale Interessen nur auf eine höhere Ebene zu hieven. Denn in einem Entscheidungsgremium, in das die größten Wirtschaftsmächte der Welt ihre Vertreter entsenden würden, wäre die Interessenlage ähnlich kontrovers, wie sie es zwischen den verschiedenen nationalen Kartellbehörden bereits heute ist. Erfolgversprechender ist die Forderung nach einem internationalen Wettbewerbsabkommen. Staaten sollten sich auf verbindliche Regeln einigen, um weitere Konflikte zu vermeiden. Ein Versuch auch, die Wettbewerbskontrolle transparenter zu machen. Weil den Konzernmultis vor möglichen Bündnissen bei mehr als 50 verschiedenen Regelungen zur Fusionskontrolle ein Behördenmarathon bevorsteht, mahnt selbst die Industrie solche Abkommen an.

Trommler der Entrüstung

Nicht die Macht der Unternehmen kontrolliert die Öffentlichkeit – es ist noch immer die Öffentlichkeit, die die Macht der Unternehmen kontrolliert. Geld regiert die Welt, konnte man meinen, als im August 2000 dem Chemieriesen DuPont ein toller Coup gelang. Unter der Nummer EP 744 888 B1 erhielten die Amerikaner vom Europäischen Patentamt (EPA) in München ein Patent auf ihre neueste Erfindung: Mais mit einem sehr hohen Gehalt an Öl und Ölsäure. Damit erstreckte sich der Anspruch von DuPont urplötzlich auf alle Maispflanzen mit entsprechendem Ölanteil – nach einer Studie des US-Landwirtschaftsministeriums rund ein Drittel der weltweit angebauten Sorten. Für den Konzern tat sich ein lukratives Monopol auf – zum Schaden der Landwirte. Ihnen drohten Lizenzgebühren für den Anbau von Mais und der Verlust von Vermarktungsrechten an ihren eigenen Produkten. Solche Patente können Kleinbauern selbst dann zu Gebührenzahlungen verpflichten, wenn sie Speiseöl aus ihrem Mais machen oder ihn an das eigene Vieh verfüttern – auch wenn ihr Saatgut nur zufällig die patentierten Eigenschaften aufweist und gar nicht von DuPont stammt. Nach Ansicht des mexikanischen Agrarexperten Alejandro Nadal wären in Mexiko nahezu alle Maisbauern von dem Patent betroffen gewesen. »Die Politik von DuPont zielt auf ein Monopol der Ausbeutung«, sagte Nadal. Ein klarer Machtmissbrauch des Konzerns, befand er.

Und das, obwohl Umweltschützer wussten: von Erfindung konnte keine Rede sein. Denn in Mexiko existierten schon seit Generationen Züchtungen einheimischer Bauern mit einem wesentlich höheren Ölgehalt, ebenso in Chile und Peru. Der Konzern habe Zugriff auf mehrere Datenbanken in den USA, in denen diese Sorten lagern, fand die Umweltschutzorganisation Greenpeace heraus. Offenbar hatte DuPont die Pflanzen schlicht nachgezüchtet. Greenpeace nahm es daraufhin mit dem milliardenschweren Konzern auf und startete einen weltweiten Medienfeldzug gegen sein Patent – mit Pressebriefings und Protestaktionen. Bilder von Greenpeace-Aktivisten, die sich am europäischen Patentamt festketteten, gingen um die Welt. Der öffentliche Druck zeigte Wirkung: Misereor und die Regierung von Mexiko schlossen sich einer Klage gegen das DuPont-Patent an. Im Februar 2003 brachte die ungewöhnliche Koalition das Patent schließlich zu Fall, vor allem durch den öffentlichen Druck. Eine Gruppe von Umweltaktivisten hatte den milliardenschweren Chemiekonzern in die Knie gezwungen.

Der Fall DuPont macht eines deutlich: Größe ist nicht gleichbedeutend mit Macht. Durch weltumspannende Firmenlogos und Marken können die Unternehmen nicht mehr Einfluss auf Konsumenten ausüben, vielmehr bekommen letztere deutlich größeren Einfluss auf Unternehmen. Denn paradoxerweise sind gerade weit verzweigte internationale Firmen leichter verwundbar. Umweltverstöße von lokalen Herstellern bleiben leicht unbeobachtet, wenn sich der Ärger aber gegen globale Konzerne mit bekannten Marken richtet, ist eine breite Resonanz in den Medien fast sicher. Der Verbraucherboykott gegen den Ölkonzern Royal Dutch Shell um die geplante Versenkung der Ölbohrplattform Brent Spar oder die Kinderarbeitsvorwürfe gegen Modefirmen zeigen, dass weltweit agierende Konzerne leichte Ziele für Verbraucherproteste sind. Auch Coca-Cola weiß das. Als in Australien vor kurzem Aktivisten überdimensionale Cola-Büchsen durch die Straßen trugen, um gegen die Verwendung von umweltschädlichen Kühlmitteln für die Brause zu demonstrieren, gingen die Bilder um die Welt – mit einem gravierenden Imageschaden für die Marke. Es ist in Vergessenheit geraten, dass Marke und Unternehmen eins sind, gab Coca-Cola-Chef Douglas Draft später zu. Wenn das, was Unternehmen verkaufen, vor allem Image und ein guter Ruf sind, sind sie äußerst anfällig für alles, was ein schlechtes Licht auf ihr Logo wirft. Schließlich haben Werbekampagnen die Konzerne in das Bewusstsein einer breiten Weltöffentlichkeit gerückt. Umweltschützer und andere Bürgergruppen können deshalb sehr gezielt zuschlagen.

Regulierte Riesen

Wenn Unternehmen von globalen Strategien sprechen, ist das längst mehr als nur eine Floskel. Die zunehmende Spezialisierung der Weltwirtschaft hat Konzerne mehr und mehr zu echten »Global Players« gemacht, die sich auf wenige Aufgaben konzentrieren, diese aber auf der ganzen Welt erledigen. Bestanden international agierende Unternehmen früher aus Ansammlungen vieler nationaler Aktivitäten, sind sie heute straff organisiert und zentral gelenkt. Vor ein paar Jahren noch wäre ihr Wunsch nach einer internationalen Organisationsstruktur in der eigenen Papierflut untergegangen. Die Revolution der Informations- und Kommunikationstechnik aber macht seine Realisierung viel leichter.

Unternehmen sind größer und internationaler geworden – ihnen deswegen zu unterstellen, sie regierten die Welt, ist grundfalsch. Konzerne müssen Kapital und Mitarbeiter für sich gewinnen, die in Zeiten der Globalisierung leicht andernorts Einsatz fänden, und Konsumenten ihre Produkte schmackhaft machen, um Mitarbeitern und Aktionären ein vernünftiges Einkommen bieten zu können. Wem das nicht gelingt, der wird vom Markt verdrängt. Selbst die weltgrößten Unternehmen müssen die Auflagen von Regierungen erfüllen und ihren Angestellten Mindestlöhne garantieren, Umweltschutzbedingungen einhalten und feste Steuersätze zahlen. Sie sind gezwungen, die Rechte von Gewerkschaften anzuerkennen, Betriebsräte wählen zu lassen und strengste Vorschriften einzuhalten, wenn sie für die eigenen Produkte werben wollen. Verbraucher werden gleichzeitig durch gesetzlich vorgeschriebene Garantiefristen geschützt und sie erhalten zusätzlich Schlagkraft, denn die Multis sind leichter angreifbar.

Die Medienbranche, Post- und Telekommunikationsunternehmen sind noch viel stärker reguliert. In jahrelangen Studien müssen Pharmakonzerne nachweisen, dass ihre Medikamente sicher sind. Die Rolle der Regierungen ist unumstritten groß. Die Macht der Regierungen wird auch deshalb nicht erodieren, weil Konzerne lange nicht so heimatlos sind, wie sie glauben machen wollen. Globale Unternehmen können nur von einer kleinen Anzahl von Standorten aus effizient agieren, da sie auf verschiedene Faktoren angewiesen sind: eine öffentliche Infrastruktur, auf funktionierende Behörden, ein Bildungssystem auf hohem Niveau, auf die Sicherheit ihrer Beschäftigten, ein gutes Gesundheitssystem und weiche Standortfaktoren wie ein breites Kulturangebot. Allein das Vorhandensein dieser Faktoren, die wiederum von einer funktionierenden Regierung abhängig sind, ermöglichen den Unternehmen, im weltweiten Wettbewerb zu bestehen. Dieser Wettbewerb schützt wiederum die Konsumenten vor zu großer Macht der Unternehmen. Denn mit der Globalisierung sind nicht nur die Märkte größer geworden, sondern es treten auch immer mehr Konkurrenten auf den Plan.

Es ist vielleicht kein Zufall, dass die East India Company in London derzeit ihre Renaissance erlebt – und zwar als mittelständisches Unternehmen. 1988 kamen zwei Kaufleute auf die Idee, den Namen des Konzerns wiederzubeleben. Von rund 80 Anteilseignern sammelten sie das notwendige Kapital ein. Von einer globalen Vorherrschaft dieser Kompanie aber kann heute keine Rede mehr sein. Das Unternehmen vermarktet Tee aus Indien und bewegt sich als Kaffeeimporteur in einem der am härtesten umkämpften Märkte der Welt. Und so sind die Ziele der neuen East-India-Unternehmer heute weit bodenständiger als die der mächtigen Vorfahren: Sie wollen in nächster Zeit eine Kette von Teestuben aufbauen. Die Macht der historischen East India Company werden sie nicht mehr erreichen, aber wohl auch kein anderes Unternehmen. Dank der Globalisierung.

Irrtum Nr. 2:
IWF, Weltbank und WTO folgen dem Willen der Mächtigen, um die Schwachen zu unterdrücken

Sie trafen sich in Prag, versammelten sich in Washington, reisten nach Madrid. Wo immer Weltbank und Internationaler Währungsfonds (IWF) zusammenkommen, sind auch die Globalisierungskritiker nicht weit. Die Proteste bei den Zusammentreffen von IWF und Weltbank – jeweils im Frühjahr und im Herbst eines Jahres – sind mittlerweile Ritual. Wie kaum eine andere globale Institution stehen die beiden Washingtoner Einrichtungen in der Kritik der Anti-Globalisierungsszene. Sie verfolgten, so heißt es, einseitig die Interessen der Mächtigen. Die Machtverteilung innerhalb der Institutionen spielt den Gegnern scheinbar in die Hände, denn sie richtet sich nach der wirtschaftlichen Stärke: Je reicher ein Land, desto größer sein Einfluss. Das Vorgehen von IWF und Weltbank, so kritisieren Globalisierungsgegner, sei geprägt von Egoismus und Vormachtstreben. Nicht das Wohl der Welt hätten sie im Blick, sondern allein die Interessen der reichen Industrieländer. Ob Arme dabei ärmer, ungeliebte Mächtige damit mächtiger würden, kümmere sie wenig. Radikale Globalisierungsgegner fordern sogar die Abschaffung beider Institutionen. Ähnlich gehen sie mit der Welthandelsorganisation (WTO) ins Gericht: Diese liberalisiere den Welthandel nur deshalb, damit Unternehmen aus dem reichen Norden sich leichter die Märkte des Südens erschließen können. Im Konzert der drei großen Institutionen, so die Kritik, organisieren die Reichen die Ausbeutung der Armen.

Weltkredit mit Konditionen: IWF und Weltbank

Das ist der Stoff, aus dem Protest gemacht wird. Manches lässt sich auch so einfach einordnen: Weltbank und IWF sind reich. Ihren Reichtum verdanken sie den Industrieländern, denn jedes Land ist an den beiden Institutionen gemäß seiner Wirtschaftskraft beteiligt. Länder mit hohem Bruttosozialprodukt zahlen viel ein, erhalten aber im Gegenzug auch die meisten Stimmrechte. Die Folge: Die Vereinigten Staaten zahlen das meiste Geld und haben auch den größten Einfluss. Im Schwarzweiß-Gemälde der Kritiker ist der böse Goliath damit gefunden. Ihm gegenüber stehen mittellose Empfänger: Länder in akuten Finanzkrisen, deren Zahlungsprobleme die Stabilität einer Region oder gar die gesamte Weltwirtschaft bedrohen. Ihnen hilft der IWF mit Krediten, so geschehen etwa in Südostasien, Lateinamerika oder in Nahost. Unterentwickelten Ländern, die noch lange nicht reif sind für die vollständige Integration in den Weltmarkt, gewährt die Weltbank Unterstützung. So will sie die Schere zwischen entwickelter und weniger entwickelter Welt schließen und den Kreis derjenigen Staaten vergrößern, die am Welthandel teilnehmen.

Doch das Schwarzweiß-Denken der Kritiker wähnt hinter jedem Hilfsprogramm, hinter jedem neuen Kredit das Vormachtstreben der entwickelten Länder des Nordens gegenüber den armen Ländern des Südens. Weil die Gelder von reichen zu armen Ländern fließen, vermuten die Gegner der Institutionen eine einseitige Interessenpolitik. Weil die Weltbank mit ihren Krediten mitunter auch die Ansiedlung multinationaler Unternehmen in Entwicklungsländern unterstützt, mache sie sich zum Helfershelfer der Mächtigen. Indem der Währungsfonds seine Kredite von Reformen abhängig macht, werde er zum Instrument der kapitalistischen Staaten, die ihre Gesellschaftsordnung auf der ganzen Welt verbreiten wollen, so die Kritiker.

Es gibt viele Fälle, die solche Unterstellungen zulassen, und nicht immer klingen die Gegenargumente von IWF und Weltbank überzeugend – beide haben in der Vergangenheit große Fehler gemacht und der Einfluss der USA auf Entscheidungen ist nicht zu übersehen. Doch gleichzeitig sind in beiden Institutionen seit einigen Jahren vielversprechende Reformen im Gange. Auch wenn ihre Gegner es anders sehen: IWF und Weltbank sind wesentliche und unverzichtbare Bausteine des globalen Dorfes. Den IWF abzuschaffen hieße, auf einen Ordnungsrahmen für internationale Finanztransaktionen zu verzichten. Und ohne die Hilfe der Weltbank haben die meisten Entwicklungsländer keine Chance, in absehbarer Zeit Partner im Welthandel zu werden.

Schwestern aus dem Kalten Krieg

Gestalt und Arbeitsweise von IWF und Weltbank sind geprägt von der Nachkriegszeit. Errichtet 1948, waren sie Bestandteile des Abkommens von Bretton Woods, das der Welt unmittelbar nach Ende des Zweiten Weltkrieges einen soliden Finanzrahmen geben sollte. Die westlichen Industrienationen vereinbarten einen festen Dollar-Wechselkurs für jede beteiligte Währung. Die Vereinigten Staaten versprachen im Gegenzug, den Dollar jederzeit – ebenfalls im fixen Verhältnis – in Gold umzutauschen. Damit sollte die Stabilität der Leitwährung Dollar garantiert werden. Das Abkommen schuf einen neuen Rahmen für den Handelsverkehr zwischen den Staaten: Handelspartner sollten stets sicher sein können, dass sich der Gegenwert ihrer Produkte in Dollar nicht veränderte – ein Vertrauen, das nach Weltkriegen, Hyperinflation und Weltwirtschaftskrise in der ersten Hälfte des 20. Jahrhunderts verloren gegangen war. Doch die wirtschaftliche Entwicklung in den einzelnen Teilnehmerstaaten verlief unterschiedlich, die festen Währungsrelationen verschoben sich: Immer größere Stützungskäufe waren nötig, um das Verhältnis des Dollars zum Gold aufrechtzuerhalten. Als der Dollar Ende der 60er Jahre rasant an Wert verlor, ging es auch mit dem System von Bretton Woods zu Ende. Am 12. März 1973 gab die US-Regierung den Dollar frei – faktisch bedeutete dies das Ende des Wechselkurs-Regimes.

Auf der Suche nach neuen Aufgaben

Die so genannten Bretton-Woods-Schwestern IWF und Weltbank mussten nun ihren Platz in der Welt erst einmal neu suchen. Es sollte bis
1989 dauern, bis sich ein neuer Horizont auftat – als Wegbereiter der
Marktwirtschaft in den einst sozialistischen Staaten. Eine Herkules-Auf-
gabe.

»Mein lieber Herr Camdessus«, so schrieb der armenische Minister-
präsident Vazgen Sarkissian 1999 an den damaligen IWF-Präsidenten,
»seien Sie versichert, dass die neue Regierung von Armenien sich der
Durchsetzung der makroökonomischen Politik und Strukturreformen
verpflichtet fühlt, die mit dem IWF abgesprochen sind ... Unser Programm zielt darauf, die Preisstabilität zu gewährleisten, die Wettbewerbsfähigkeit Armeniens zu steigern, den Energie- und Finanzsektor
weiter zu restrukturieren, das Bildungs- und Gesundheitssystem zu re-
formieren sowie den Privatisierungsprozess zu beschleunigen.« Sarkissian, der wenige Monate später einem Mordanschlag zum Opfer fiel,
wollte vor allem eins: Geld, das den Wandel Armeniens von der Plan-
zur Marktwirtschaft erleichtern sollte.

Eine funktionierende Marktwirtschaft ist Grundvoraussetzung, um
überhaupt in den Genuss von IWF-Mitteln zu gelangen. Dahinter steht
der so genannte Washington Consensus – ein Masterplan, auf den sich
Ökonomen von Weltbank und IWF Ende der 80er Jahre einigten. Weil
die größte Hilfe nichts bringt, wenn sie in den Händen einer unfähigen
oder korrupten Bürokratie landet, sollten mit Hilfe der beiden Institutionen Marktwirtschaften entstehen, die noch reiner und funktionsfähiger
als die der reichen Industrieländer sind. Der Staat und sein bürokrati-
scher Apparat sollten so weit wie nur möglich in den Hintergrund treten,
die Korruption im öffentlichen Dienst keine Chance mehr haben. Mit ihrem Engagement in den Reformstaaten wollten IWF und Weltbank nach
dem Ende des Kalten Krieges ein Chaos in Osteuropa verhindern, das
rasch auf andere Staaten hätte übergreifen können – auch wenn den

beiden Finanzinstitutionen stets Hegemonialpolitik vorgeworfen wurde. Dabei sollten die eigentlichen Herausforderungen für die beiden Institutionen in der Folge erst noch entstehen. Denn der Umbau der ehemaligen Planwirtschaften in kapitalistische Systeme hatte zu einem
rapiden Anwachsen der globalen Güter- und Kapitalströme geführt. In
Fernost hat sich China der Welt geöffnet, zugleich sind die so genannten Tigerstaaten, Länder wie Malaysia, Korea, Thailand und Indonesien,
in kürzester Zeit zu wichtigen Handelspartnern und Konkurrenten der
traditionellen Industrienationen geworden. Der Siegeszug des Internets
macht internationale Finanztransaktionen zum Kinderspiel. In Sekundenschnelle wandern Millionen via Internet von einem Kontinent zum
anderen; Zollschranken haben im Güterverkehr oft nur noch marginale
Bedeutung. Mit der Welt von 1948, in der IWF und Weltbank gegründet
wurden, hatte das alles nicht mehr viel gemein.

Wer IWF und Weltbank kritisiert, muss diese Entwicklung vor Augen haben. Entstanden in einer bipolaren Welt, tun sich die beiden Institutionen im globalen Dorf noch schwer. Auch sie haben die eine oder
andere Reform nötig, doch ihre riesigen Bürokratien – beide Häuser beschäftigen zusammen knapp 13 000 Mitarbeiter – erschweren den Wandel. Gleichzeitig wachsen die Anforderungen: Jeder Fehler, jede neue
Entscheidung wird von der »global community« sofort registriert und
ruft die entsprechenden Reaktionen hervor. Betroffene, Politiker, Menschenrechtler, Umweltschützer – sie alle beobachten die Arbeit von IWF
und Weltbank auf Schritt und Tritt.

»Eine Welt frei von Armut« – die Weltbank

Einfach ist die Arbeit in diesem Spannungsfeld nicht. Die Weltbank, die sich seit einigen Jahren immer stärker als »Entwicklungshilfe-Bank« versteht, will vor allem Ländern der Dritten Welt die Integration in den Welthandel erleichtern. Allein im Jahr 2002 verteilte sie Kredite von 19,5 Milliarden Dollar. Damit fördert sie nicht nur klassische Entwicklungsprojekte vom Brunnenbau bis zur medizinischen Versorgung, sondern auch die Ansiedlung von Unternehmen in Entwicklungs- und Schwellenländern. Letzteres soll der Bevölkerung neue Beschäftigungschancen geben, die Infrastruktur stärken und letztlich ein Wirtschaftswachstum aus eigener Kraft anstoßen. »Eine Welt frei von Armut«, so heißt der Slogan der Bank: Leichter gesagt als getan.

Im Tschad etwa wollte die Weltbank Mitte der 90er die Erschließung von Ölfeldern unterstützen. Ein Konsortium westlicher Ölfirmen plante im Doba-Becken im Süden des Landes eine der größten Öllagerstätten der Subsahara zu erschließen. Investitionsvolumen: 2,8 Milliarden Dollar. Der weitere Verlauf zeigt, dass die Weltbank nicht immer ganz glücklich agiert. Sie verhandelte mit den Konzernen und mit Regierungsvertretern, kaum aber mit der Bevölkerung vor Ort. Bis Ngarlejy Yorongar kam. Der Oppositionspolitiker mobilisierte Menschenrechtler und Umweltschützer auf der ganzen Welt gegen das Projekt. Die Weltbank, predigte Yorongar, unterstütze ein Vorhaben, das Menschen aus ihrer Heimat vertreibt und die Umwelt zerstört. Der Widerstand formierte sich schnell: Der Tschad zählt zu den ärmsten Regionen der Welt, die Regierung war bekannt dafür, es mit den Menschenrechten nicht so genau zu nehmen. Und zu allem Überfluss war mit dem Doba-Becken eine der ökologisch wertvollsten Regionen des Landes betroffen. Nutznießer eines Weltbank-Kredites, so die Kritik, wären vor allem die Multis, die im Tschad Gewinne erwirtschafteten und sie ins reiche Ausland transferieren würden. Die wenigen Steuern, die sie entrichteten, flössen einem autokratischen Regime zu, das damit seinen Unterdrückungsapparat finanzierte.

Die weitere Entwicklung im Tschad kennzeichnet die neue Arbeitsweise der Weltbank: Fünf Jahre lang verhandelte sie mit allen Beteiligten, auch mit der Bevölkerung der Region. Voraussetzung für eine Finanzierungshilfe, so das Ergebnis, ist von nun an der nachweisliche Nutzen für die Bevölkerung vor Ort. Alle Erlöse fließen auf ein Sperrkonto in der Schweiz. Die Gelder auf diesem Konto stehen ausschließlich der Entwicklung derjenigen Region zur Verfügung, aus der das Öl stammt. Vor allem dem Aufbau und der Pflege von Schulen, Straßen und Krankenhäusern sollen die Einnahmen zugute kommen. Mit der Unterdrückung der Schwächeren hat diese Strategie nichts zu tun.

Was aber bedeutet das für die globalisierte Welt? Chancen und Mittel sind ungleich verteilt. Hoffnung auf eine bessere Zukunft haben die Entwicklungsländer nur, wenn sie lernen, Ressourcen zu nutzen anstatt sie auszubeuten – egal ob es sich dabei um Bodenschätze oder um Arbeitskraft handelt. Die Weltbank hilft ihnen dabei. Denn die Mineralölkonzerne, die im Tschad investieren wollen, werden von sich aus nicht in erster Linie an das Wohl der Bevölkerung und der Umwelt denken. Als Advokat der nachhaltigen Entwicklung kann nur die Weltbank auftreten. Ländern wie dem Tschad eröffnet sie damit Chancen, die weit über das einmalige Investment hinausgehen: zum Beispiel für den Aufbau eigener Exportzweige. Hier hilft die Weltbank finanziell und mit Know-how. Das kommt den Ländern doppelt zugute: Die Abhängigkeit von Krediten zur Finanzierung von Importen verringert sich, weil Einfuhren fortan aus Exporterlösen finanziert werden können. Gleichzeitig werden in den öffentlichen Haushalten Gelder frei, die bislang der Tilgung von Krediten dienten. Diese wiederum kann eine fürsorgliche Regierung in die Entwicklung ihres Landes stecken. Wirtschaftet die Regierung in die eigene Tasche, hat die Weltbank die Macht, eine Politik zu Gunsten der Schwächsten einzuklagen. Sie kann damit auch den Weg bereiten zu mehr Bildung und Demokratie, zu Frieden und Wohlstand – besser als irgendeine andere globale Institution.

Stabilität mit Haken: Der IWF

Die Kollegen beim Internationalen Währungsfonds wären froh, wenn ihre Arbeit so einfach wäre. Der Fonds soll ein Finanzsystem stabilisieren, das sich in den vergangenen Jahren rapide verändert hat: Der internationale Güterhandel hat stark zugenommen, noch rasanter aber wuchsen die internationalen Kapitaltransaktionen. Grenzöffnungen und neue Technologien beschleunigten den Wandel zusätzlich. Mittlerweile übersteigt der Wert purer Finanzgeschäfte, abgewickelt per Mausklick und in Sekundenschnelle, den des Güterhandels wertmäßig um ein 20faches. In dieser Welt verfolgt der IWF zwei Ziele gleichzeitig: Einerseits will er die Öffnung der Kapitalmärkte forcieren. Das soll die Voraussetzungen für einen freien Welthandel schaffen und allen Ländern die Chance eröffnen, ausländische Direktinvestitionen anzuziehen – etwa in den Bau und Betrieb von Industrieanlagen, neue Dienstleistungen oder die Infrastruktur. Andererseits aber muss er die Stabilität des Weltfinanzsystems gewährleisten, selbst dann, wenn über Nacht eine ganze Volkswirtschaft zusammenbricht. Eine schwierige Gratwanderung: Denn mit der Öffnung der Kapitalmärkte werden die Staaten auch anfälliger für Finanzkrisen.

Lange Zeit hat der Fonds diese Gefahren unterschätzt. Makroökonomische Stabilität allein, so glaubten die IWF-Strategen, reiche aus, den Wandel zu beherrschen. Sie werde langfristig dazu führen, dass Volkswirtschaften für Investoren attraktiv werden. Dann fließt Kapital in diese Länder, Wirtschaftszweige entstehen, und aus den »working poor«, den verarmten arbeitenden Massen, erwächst ein stabiler Mittelstand. An die Grenzen seiner Politik stieß der Fonds aber bei den Finanzkrisen der Jahrtausendwende. In Südostasien, der Türkei, Argentinien und Brasilien hatte er die Geldwert-Stabilität eingefordert: Strikte Sparpolitik, Subventionsabbau und hohe Zinsen zur Bekämpfung von Inflation sollten die Länder zum sicheren Hafen für Investoren machen. Doch stets standen diese Forderungen im Konflikt mit der schnellen Öffnung der Kapitalmärkte.

Das Waterloo des IWF: Die Asien-Krise

Jakarta 1998, Seoul 1998, Kuala Lumpur 1998. Auf den Straßen entlädt sich gewaltsamer Protest. Läden werden geplündert, Autos brennen, Polizisten knüppeln auf Demonstranten ein. Die Tigerstaaten, kurz zuvor noch die Stars auf dem Parkett der Weltbörsen, stecken in der schlimmsten Krise ihrer jüngeren Geschichte. Was war geschehen?

Wie hypnotisiert durch den rasanten Wirtschaftsboom – im Schnitt sieben Prozent Wachstum jährlich – waren Investoren Anfang der 90er Jahre nach Südostasien geströmt. Wo immer man sein Geld anlegte, so schien es, würde es sich vervielfachen. In Thailand verdreifachten sich die ausländischen Kapitalzuflüsse von durchschnittlich 3,1 Prozent des Bruttoinlandsproduktes in den Jahren 1983 bis 1988 auf 10,2 im Zeitraum zwischen 1989 und 1995. Ausländische Banken vergaben großzügig Kredite. Die Stabilität der Währungen sollte durch ihre Koppelung an den Dollar gewährleistet werden. Doch die Hoffnungen auf ein anhaltendes Wirtschaftswachstum erfüllten sich nicht. Als sich zeigte, dass auch die Tigerstaaten Abschwung und Instabilität kannten, zogen Investoren ihr Kapital rasch wieder ab. Gleichzeitig verloren die Währungen an Wert – aber erst als die Regierungen auf Empfehlung des IWF die fixe Dollar-Koppelung aufgehoben hatten, brach der Flächenbrand aus: Devisenhändler spekulierten weltweit auf den Verfall der Währungen, mit Erfolg. Die Währungen stürzten, in der zweiten Hälfte des Jahres 1997 verlor die indonesische Rupie gegenüber dem Dollar 79 Prozent ihres Wertes, der thailändische Baht 52 Prozent, der koreanische Won 49 Prozent. Weil ihr Lohn angesichts rapide steigender Preise plötzlich nichts mehr wert war, verarmte die Bevölkerung in ungeahnter Geschwindigkeit. Viele Unternehmen konnten nicht mehr genug Devisen beschaffen, um ihre Schulden zu bedienen, und mussten aufgeben. Südkorea verzeichnete allein im Dezember 1997 rund 3 000 Insolvenzen. Über Nacht wurden die einstigen Tigerstaaten zahlungsunfähig.

Die Rolle des IWF in dieser Krise war aus Sicht der Kritiker reichlich zwiespältig. IWF-Experten hatten von den Ländern immer eine straffe Fiskalpolitik gefordert. Der Staat sollte sich so weit wie nur möglich aus der Wirtschaft heraushalten, Steuergelder nur für dringend benötigte öffentliche Dienste aufwenden. In der Krise erschwerte diese Zurückhaltung das Einspringen des Staates mit eigenen Hilfspaketen. Außerdem war es der Währungsfonds, der die Öffnung der Kapitalmärkte wieder und wieder verlangt hatte, also jene Öffnung, die nun den ungehinderten Abzug des ausländischen Kapitals ermöglichte.

Auf der anderen Seite aber agierte der Währungsfonds als Helfer in der Not: Mit Kreditlinien über insgesamt 118 Milliarden Dollar federte er die Krise ab. Zwar konnte das der Bevölkerung kaum helfen, denn meist diente das IWF-Geld dazu, die Schulden bei Banken in Europa und Amerika zu begleichen. Doch damit verhinderte der Fonds, dass die Asienkrise über den Zusammenbruch ausländischer Banken zu einer Welt-Krise geriet. Die Erholung der Tigerstaaten hätte sich auf unbestimmte Zeit verschoben.

Für den Fonds war die Krise ein Waterloo. Er selbst hatte die Tigerstaaten in den Boom begleitet. Nun sah er die Länder in eine Abwärts-Dynamik entgleiten, die sich nicht mehr stoppen ließ. Mit ihrem Zusammenbruch war klar, dass die bisherigen Strategien eine stabile Entwicklung allein nicht gewährleisten können. Insolvenzrecht der Staaten, Krisenprävention, differenzierte Rezepte rückten in den Vordergrund. Zu lange hatte der IWF geglaubt, er könne einer sich rapide verändernden Welt genauso rasch Strukturen verpassen. Freier Kapitalverkehr, ungehinderter Güteraustausch, funktionierende Devisenmärkte – das alles hatte sich nach dem Zweiten Weltkrieg im System von Bretton Woods über lange Jahre erst wieder entwickeln müssen. In den Schwellenländern Osteuropas und Asiens sollte es über Nacht funktionieren.

Kein Cent ohne Bedingungen

Die Wurzel allen Übels sehen Globalisierungsgegner in den so genannten Strukturanpassungsprogrammen. In diesen Programmen fasst der IWF die Bedingungen zusammen, die er an die Kreditvergabe knüpft. Eine demokratisch nicht legitimierte Institution mischt sich in die inneren Belange von Staaten ein, wettern die Gegner. Dabei sind diese Bedingungen für sich genommen eine Selbstverständlichkeit. Der Fonds will sichergehen, dass er sein Geld nicht in ein Fass ohne Boden steckt. Ein Vorgehen, das auch in der freien Wirtschaft anders nicht denkbar ist: Keine Bank gibt einem verschuldeten Unternehmen Geld, ohne vorher sicherzustellen, dass es sinnvoll verwendet wird – um zu verhindern, dass damit nur Löcher gestopft werden, die durch die wachsende Zins- und Tilgungslast immer weiter wachsen. Abgesehen davon will der IWF sein Geld nicht verschenken: Die Strukturanpassung soll die Genesung der Volkswirtschaften voranbringen – und so die Chancen erhöhen, dass das Gläubigerland seine Schulden eines Tages begleichen kann. Wer im Zusammenhang mit den Notfall-Plänen von Ausbeutung spricht, sollte sich auch fragen, wie die Welt ohne diesen »lender of last resort« aussähe – ohne einen Helfer in der Not.

Allerdings waren die Bedingungen nicht immer gut durchdacht. Die Forderung nach Öffnung der Kapitalmärkte, so zeigt sich heute, zog nicht nur ausländische Investoren an, sondern auch Spekulanten, die oft zu den größten Gewinnern der Krisen zählten. In letzter Sekunde zogen sie ihr Kapital ab und beschleunigten so den ökonomischen Niedergang. Die Stabilisierung der Währungen hatte oft eine Überbewerbung zur Folge. Dies verbilligte Importe und setzte einheimische Industrien und Exportbranchen unter Druck. Auch die Abschaffung staatlicher Preiskontrollen, die langfristig den Weg auf die Weltmärkte bahnen sollte, wirkte sich kurzfristig oft verheerend aus. Beispiel Ruanda: Weil die Strukturanpassung hier auch einen Wegfall sämtlicher Preiskontrollen und -stützungen auf den Agrarmärkten beinhaltete, explodierten die Preise für Grundnahrungsmittel. Wäre dieser Wegfall in Stufen erfolgt, hätten sich die Folgen für die Bevölkerung erheblich lindern lassen. Dabei ist die Forderung nach reinen Marktpreisen an sich völlig konsequent. Nur wer den Wettbewerb zulässt, indem er die Protektion der eigenen Produkte aufgibt, kann auch den Anspruch erheben, mit den eigenen Waren problemlos fremde Märkte zu beliefern. Dahinter steht einmal mehr das Theorem der komparativen Vorteile: Ist der internationale Güteraustausch problemlos möglich, kann jeder auf dem Weltmarkt das anbieten, was er verhältnismäßig am günstigsten produzieren kann. Erst mit der Öffnung der eigenen Märkte, wie sie der IWF verlangt, erhalten die Entwicklungsländer die Chance, am weltweiten Handel teilzunehmen – zum Beispiel mit Produkten aus arbeitsintensiver Landwirtschaft. Was in den Augen von Globalisierungsgegnern aussieht wie ein Programm zur Unterdrückung der Ärmsten, ist in Wirklichkeit die Grundlage für eine tragfähige Wirtschaft.

Doch diese Entwicklung braucht ihre Zeit. Branchen, die jahrzehntelang nicht dem Wettbewerb ausgesetzt waren, sind meist unbeweglich. In der Landwirtschaft etwa liegen die Erzeugerpreise schon allein deshalb über dem Weltmarktniveau, weil die Bauern keinen Anreiz sehen, effizienter zu produzieren als gehabt. Wozu auch – zum Beispiel mit neuen Maschinen – immer mehr produzieren, wenn die Wettbewerber im eigenen Land mit der gleichen, überalterten Technologie arbeiten? Wieso höhere Qualität anbieten, wenn die Kunden sie nicht honorieren können, weil die Preise staatlicher Kontrolle unterliegen? Zudem fehlt oft das Geld für die nötigen Investitionen – oder die Chance, sie mit einem Kredit zu finanzieren. Aus dieser Klemme wollte der Fonds die Empfängerländer befreien. Per Schocktherapie.

Gegner zweifeln die guten Absichten des Fonds an. Wer die Abschaffung von Preiskontrollen und die schnelle Marktöffnung verlangt, will nicht den Entwicklungsländern helfen, sondern sucht nur ein neues Schlupfloch für die Ausbeutung der Ärmsten. Letztlich gehe es den entwickelten Ländern nur darum, sich selbst neue Märkte zu erschließen. Aus ökonomischer Sicht ist das allerdings ein haltloser Vorwurf. Denn Güteraustausch funktioniert nur gegen Geld. Will der reiche Norden an die Entwicklungsländer seine Produkte – etwa Autos, Maschi-

nen, Lebensmittel – verkaufen, braucht er dafür zahlungskräftige Nachfrager. Die aber fallen nicht vom Himmel. Eine Volkswirtschaft muss
sich die Devisen, die sie für ihre Importe benötigt, erst verdienen, und
zwar durch eigene Exporte. Deswegen wird jedes Land, das seine Produkte exportieren will, auch ein Interesse haben, zu importieren. Anders
gesagt: Nur wenn die Entwicklungsländer eine Chance haben, ihre Produkte gegen harte Währung auf anderen Märkten abzusetzen, können
sie die Marktöffnung nutzen, um sich selbst – gegen die gleiche harte
Währung – mit jenen Waren einzudecken, die sie im eigenen Land nur
schwer herstellen können. Manche Kritiker unterstellen in diesem Zusammenhang, der IWF borge Entwicklungsländern nur deshalb Geld,
damit sie es für Importe aus den Industrieländern wieder ausgeben und
so die dortige Konjunktur stützen. Aus Sicht der Industrieländer, die den
größten Teil der Kreditlinien aufgebracht haben, wäre ein solches Vorgehen allerdings völlig unsinnig. Genauso gut könnten sie das Geld günstig
an ihre eigenen Bürger verleihen, um deren Konsum zu steigern. Das geliehene Geld erfüllt nur dann seinen Zweck, wenn es ein Mehr ermöglicht oder ein Weniger verhindert: Entweder trägt es zur Entwicklung bei
und steigert die Exportfähigkeit, oder es verhindert, dass eine Krise jegliche ökonomische Kraft eines Landes zerstört. Unterdrückung und finanzielle Förderung jedenfalls passen schlecht zusammen.

In Ruanda führte die Strukturanpassung zu immensen Preissteigerungen und in der Folge zu Hunger und sozialer Unruhe. 1996, zerrüttet noch dazu von einem der blutigsten Kriege der jüngeren Geschichte,
lebten 51,2 Prozent der Bevölkerung unterhalb der Armutsgrenze. Meist
steckt hinter gescheiterten Strukturanpassungsprogrammen übertriebene Eile oder das scheuklappenhafte Festhalten am Stabilitätsdiktum seitens des Währungsfonds. Doch ein weiterer Umstand wird gerne von
der Öffentlichkeit übersehen. Der IWF wird oft erst tätig, wenn Staaten
schon weitgehend abgewirtschaftet haben. Doch das liegt nicht daran,
dass die reichen Länder sie erfolgreich ausgebeutet haben. Kriege, Vetternwirtschaft, Korruption, Intransparenz haben die Länder in die Krise
getrieben. Der Fonds deckt diese Missstände auf – und provoziert mit
seinen Strukturanpassungsprogrammen den wirtschaftlichen Zu

sammenbruch. Die Schuld wird deshalb meist einseitig dem IWF zugeschoben, obwohl dieser nur eine Entwicklung vorwegnimmt, die früher oder später ohnehin hätte eintreten müssen. So hart dies im Einzelfall auch ist: Je später dieser große Knall erfolgt, desto schlimmer sind die Folgen für die Ökonomie und die Menschen.

Nichtsdestotrotz wird sich der IWF von morgen vom strammen Korsett der Strukturanpassung verabschieden müssen. Die stärkere Einbindung der Empfängerländer in die Gestaltung der Wirtschaftsprogramme wird künftig unabdingbar sein, um Verwerfungen vorab zu verhindern; ebenso eine eingehende Prüfung möglicher sozialer und ökologischer Folgen der IWF-Politik. Erste Anzeichen deuten darauf hin, dass auch der Währungsfonds seine Lektionen lernt. Die Häufung von Krisen gerade in Ländern, denen sie Strukturanpassungsmaßnahmen verordnet hatten, lässt auch die Bürokraten in Washington über neue Strategien nachdenken. Das Problem der Strukturanpassung ist schließlich nicht nur, dass sie oft auf regionale, kulturelle oder naturräumliche Gegebenheiten zu wenig Rücksicht nimmt. Viel schwerer wiegt, dass die Strukturanpassung ein langfristiges Konzept ist, das kurzfristig zu enormen Verwerfungen führt. Das vorrangige Ziel ist es, so wird auch in Washington klar, die Schwachen zu stärken.

Plattform für die Entschuldung der Ärmsten

Zwei Jahre und länger müsste die gesamte wirtschaftliche Leistung in den Schuldendienst fließen, damit Länder wie Angola, Mosambik, die Elfenbeinküste oder die Republik Kongo schuldenfrei wären. Die Schulden dieser Staaten übersteigen ihr jährliches Bruttoinlandsprodukt um das Doppelte. Und selbst diese Tilgungsrechnung ginge nicht auf. Täglich fallen neue Zinsen an, die Schuldenlast steigt permanent. Für das Jahr 2000 zählte die Weltbank in 28 von 134 Entwicklungs- und Schwellenländern eine Verschuldung, die das eigene Bruttoinlandsprodukt übertraf. Die Abhängigkeit von Gläubigern führt viele Staaten in einen Teufelskreis. Jede neue Krise zieht neue Verschuldung nach sich, während der Dienst an bestehenden Schulden keinen Atem lässt. Doch seit einiger Zeit hat die Debatte über eine Entschuldung der ärmsten Länder wieder an Schwung gewonnen. Die Meltzer-Kommission, die im Auftrag der US-Regierung das Wirken globaler Finanzinstitutionen untersuchte, empfahl diesen im März 2000 einstimmig, die gesamten Forderungen gegenüber hoch verschuldeten armen Ländern abzuschreiben. Pulsgeber der Entschuldungsinitiative sind Weltbank und IWF.

Viele Gläubigerländer brauchen die Stunde null. Nur so können sie auf absehbare Zeit Nutzen aus dem globalen Güteraustausch ziehen und ihre Stärken in den Welthandel einbringen. Weltbank und IWF bieten als globale Finanzinstitutionen die beste Plattform, eine Entschuldung voranzutreiben. Zumindest in den Ländern, die erkennbar gewillt sind, eine friedliche Entwicklung zu nehmen, in denen Schulden nicht gemacht wurden, um damit Kriege zu finanzieren. Entscheidend ist, dass die Entschuldung der wirtschaftlichen und sozialen Entwicklung eines Landes dient. Das aber können am besten noch die Menschen beurteilen. Mehr und mehr sind deshalb auch zivilgesellschaftliche Gruppen, etwa Kirchen, Gewerkschaften oder soziale Gruppen, Gesprächspartner von Währungsfonds und Weltbank. Das neue Gewicht des

Zivilen in der internationalen Finanzwelt: einer der Wendepunkte der globalen Finanzinstitutionen.

Die Entschuldungsinitiative folgt der Logik des weltweiten Gebens und Nehmens. Wenn Staaten einen Großteil der Deviseneinkünfte, die sie aus dem Export ihrer Güter und Dienstleistungen erzielen, in den Schuldendienst abführen müssen, fallen sie als Handelspartner weitgehend aus. Für Importe aus anderen Ländern bleiben kaum Devisen übrig, der Güterhandel lahmt. Derzeit soll die so genannte HIPC-II-Initiative, hinter der die reichen Gläubigerländer stehen, zumindest den ärmsten hoch verschuldeten Ländern (heavily indebted poor countries) Wege aus dem Labyrinth der Schulden eröffnen. Damit die Initiative für die Gläubiger nicht zum Fass ohne Boden wird, müssen die Teilnehmerländer in der Regel drei Jahre lang nachweisen, dass sie die Armut wirksam bekämpfen und eine Wirtschaftspolitik betreiben, die auf Wachstum ausgerichtet ist, nicht auf die Unterstützung privilegierter Gruppen.

Prävention statt Feuerwehr

Sicher hätte sich Washington einen anderen als den Sozialisten Luiz Inácio Lula da Silva an der Spitze Brasiliens gewünscht. Als der IWF 2002 den höchsten Kredit in seiner Geschichte an Brasilien vergab, sollte das möglicherweise auch Lulas konservativer Konkurrent im Wahlkampf helfen. 30 Milliarden Dollar sagte der Fonds der größten Volkswirtschaft Südamerikas zu, und nicht nur die Summe markierte Historisches. Denn im Falle Brasiliens wartete der IWF nicht, bis die Krise nicht mehr zu verhindern war. Das Land erhielt Geld, obwohl es noch zahlungsfähig war. Die Folge: An den Finanzmärkten wuchs das Vertrauen in Brasiliens Zukunft, das Land erhielt wieder liquide Mittel, ohne dafür horrende Zinsen zahlen zu müssen, die Währung stabilisierte sich. Der IWF hatte die Folgen eines Zögerns vor Augen: die Zahlungsunfähigkeit Brasiliens, der rasante Abzug ausländischen Kapitals, der Niedergang von Unternehmen, Armut in noch größerem Umfang, und, im schlimmsten Fall, ein ökonomischer Flächenbrand in Südamerika.

Ob solche Finanzspritzen langfristig die Zuspitzung von Krisen verhindern können, wird sich erst nach einigen Jahren zeigen. Denn die Milliardenzahlungen können Probleme auch hinauszögern: Anleger profitieren weiterhin von den hohen Zinsen, die Länder wie Brasilien zahlen müssen, um auf dem Kapitalmarkt weiteres Geld zu bekommen. Gleichzeitig dürfen die Geldgeber sich aber in der Sicherheit wiegen, dass der IWF im Ernstfall schon einspringt. Nehmen die Wirtschaftsprobleme aber überhand, ziehen sie ihr Kapital ab und besiegeln damit in Windeseile den Ruin des Landes.

Das Brasilien-Paket zeugt von einem wichtigen Kurswechsel in der Hilfspolitik des IWF. Denn das Geld kam nicht erst zu einem Zeitpunkt, an dem das Land unmittelbar vor der Zahlungsunfähigkeit stand, sondern schon, als sich Engpässe abzeichneten. Damit wendet sich der IWF stärker einer Präventionspolitik, einem vorausschauenden Krisenmanagement zu. Schnelle Überbrückungskredite können die Wirtschaft ankurbeln und Schlimmeres verhindern. Der IWF hat begriffen, dass er nicht erst eingreifen darf, wenn es schon zu spät ist.

Ein Insolvenzrecht für die Staatspleite

Die Krisen in Asien, Russland und Südamerika haben noch eine weitere Neuerung auf die Reformagenda des IWF gerückt: das Insolvenzrecht für Staaten. Es soll, nach dem Vorbild des Privatrechts für Unternehmen, künftig auch Ländern die Chance geben, sich zu entschulden oder Schulden umzuschichten, sobald sie zahlungsunfähig werden. Ein Teufelskreis würde auf diese Weise aufgebrochen: dass Staaten, die in einer Liquiditätskrise stecken, noch immer tiefer in die Enge getrieben werden, weil sie ihre Schulden bedienen müssen. Im Insolvenzverfahren würden sich die Gläubiger darauf einigen, die Schulden vorübergehend zu stunden. Der Staat bliebe auf diese Weise handlungsfähig, die Liquiditätskrise zöge nicht automatisch einen rapiden Anstieg der Arbeitslosigkeit und die Verarmung immer breiterer Bevölkerungsschichten nach sich. Angehörige nachfolgender Generationen müssten, sofern sie nicht selbst zufällig Staatspapiere besitzen, nicht zwangsläufig in dem Bewusstsein aufwachsen, die riesige Schuldenlast ihrer Vorfahren abtragen zu müssen.

Zur Debatte steht nun eine dreifache Reform der IWF-Arbeit. Erstens soll ein Gremium aus unabhängigen Experten prüfen, ob die Tilgung von Schulden dem betroffenen Land zuzumuten ist und an welchen Stellen sich Einsparungen anbieten, um Gelder für den Schuldendienst freizusetzen. Im – derzeit noch umstrittenen – Idealfall kommen Betroffene zu Wort: Ärzte könnten darüber mitreden, ob sich am Gesundheitswesen noch sparen lässt, Lehrer gäben ihr Urteil zur Lage an den Schulen ab. Am Ende seiner Prüfung stellt das Gremium einen Plan für die Entschuldung des Landes auf. Zweitens würden so genannte »collective action clauses« eingesetzt, Mehrheitsklauseln, die an Staatsanleihen angehängt werden. Sie sehen vor, dass sich jeder einzelne Gläubiger der Mehrheit beugen muss, wenn diese sich auf eine Umschuldung einigt – bislang konnte jeder Gläubiger mit seinem Veto eine Umschuldung verhindern. Ein Schritt allerdings, der sich nur auf künftige Anleihen auswirkt, nicht aber, wie im Falle des Insolvenzrechts, auf bisherige Schulden. Drittens schließlich würde der IWF seine Kredite deutlich zurückhaltender und nur in Form kurzfristiger Kredite verteilen. Hat eine vorausschauende Politik die Krise nicht verhindern können, fungiert der Fonds im Zuge der Staats-Insolvenz nur noch als Auffangnetz.

Eine derart neue Politik der Krisenprävention gibt Weltbank und IWF überdies mehr Luft, sich auf ihre ureigensten Aufgaben zu konzentrieren. Viel mehr als bisher können sie in Zukunft ihre Arbeit verzahnen. Die Weltbank als Entwicklungshelfer, konzentriert auf langfristige Investitionen, Aufbau von Institutionen und Beratung von Entwicklungsländern; der IWF als Hüter des internationalen Finanzsystems und Bewahrer makroökonomischer Stabilität – nicht Wiederhersteller verloren gegangener Stabilität. Seine Kernaufgabe wird es sein, den Staaten Sicherheit zu verleihen. Sicherheit, dass es den »lender of last resort« gibt, den Rettungsring für den schlimmsten Fall. Entwicklungshilfe in der Subsahara und langfristige Transformationsprogramme wie in Osteuropa würde nicht mehr zu den Aufgaben des IWF zählen.

Auch die Entscheidung, wann ein Staat für die Öffnung seiner Märkte bereit ist, sollte der Fonds seinen Schuldnern künftig nicht mehr abnehmen. Die Probleme und Konsequenzen eines solchen Schrittes sind zu komplex, als dass ein IWF-Expertentrupp sie auf die Schnelle absehen könnte. Gleichwohl kann der Fonds Regierungen beraten und zumindest verlangen, dass die Staaten sich um den Aufbau eines funktionierenden Finanzsystems bemühen. Mit Einmischung in die Feinheiten Nationaler Wirtschaftspolitik aber übernimmt der IWF Verantwortung für die Krisen in den betreffenden Ländern. Daraus leitet sich ein Gutteil der Legitimitätsprobleme ab, mit denen der Fonds heute zu kämpfen hat: Als die Asienkrise auf Südkorea übergriff, fanden die Koreaner eine eigene Übersetzung für das englische Fonds-Kürzel IMF: »I'm fired« – ich bin gefeuert.

Veto im Visier

Das Problem der Legitimität hat aber noch ein anderes Gesicht, und es betrifft sowohl den IWF als auch die Weltbank. Beide Organisationen halten an einer Stimmverteilung fest, die sich ausschließlich nach dem ökonomischen Gewicht ihrer Mitglieder richtet. Die Folge: Die USA alleine halten knapp 18 Prozent der Stimmrechte, Deutschland und Japan je 5,5, Frankreich und Großbritannien 5 Prozent. Die Gruppe der sieben größten Industrienationen, die G 7, kommt gemeinsam auf 45 Prozent der Stimmen – während die G 77, die 77 Entwicklungsländer zusammenfasst, gerade einmal 28 Prozent auf sich vereinigen. Für Globalisierungsgegner ein Symbol für kapitalistisches Machtstreben: je reicher, desto einflussreicher. Zwar mag diese Verteilung aus Sicht der Geberländer einleuchten; wer viel in den Fonds investiert, soll auch entscheiden können, was mit dem Geld geschieht. Wollen die beiden Institutionen aber weltweit Vertrauen gewinnen, kommen sie um die Reform ihrer Stimmrechte nicht herum. Sie hätte auch zur Folge, dass das bestehende Quorum fällt. Für weit reichende Vorschläge nämlich ist eine Mehrheit von 85 Prozent der Stimmen nötig – oder anders ausgedrückt: Ohne Zustimmung des Weißen Hauses läuft nichts. Mit 18 Prozent sind die USA das einzige Land, das alleine eine Entscheidung des Fonds blockieren kann. Eine Klausel, die den Fonds angreifbar macht: Denn hier manifestiert sich tatsächlich ein übergroßer Einfluss weniger Mächtiger. Auch wenn ein 18-Prozent-Anteil nicht die Politik des Fonds maßgeblich bestimmen kann: er kann zumindest Reformen blockieren.

Längst liegen Vorschläge auf dem Tisch, die Verteilung der Stimmrechte zu modifizieren. Demnach würde die Stimmenverteilung zwar weiterhin die ökonomische Stärke widerspiegeln, darüber hinaus aber auch die Zahl der Menschen, die in einem Land leben. Vorgeschlagen ist unter anderem, die wirtschaftliche und soziale Entwicklung der Länder einzubeziehen. So könnte der so genannte Human Development Index, erstellt vom Entwicklungsprogramm der Vereinten Nationen

(UNDP), in die Bemessung der Stimmrechte einfließen. Damit würden Fortschritte in der wirtschaftlichen und sozialen Entwicklung, die dieser Index misst, stärker in die Stimmgewichtung einfließen. Dies könnte helfen, die derzeitige Statik aufzubrechen.

Gleichzeitig würde das Quorum gesenkt, sodass eine große Gruppe reformwilliger Staaten auch Aussicht hätte, Reformen mehrheitlich durchzusetzen. Im Augenblick erscheint es wenig wahrscheinlich, dass die Industrieländer sich auf eine solche Entmachtung einlassen – und schon gar nicht die stimmgewaltigen USA. Wenn der Fonds aber Bestandteil einer »global governance«, einer neuen, weltweiten Struktur sein will, in der alle beteiligten Staaten an der Gestalt der globalisierten Welt mitarbeiten, wird sie sich ebenso wenig umgehen lassen wie die verstärkte Einbeziehung von Nichtregierungsorganisationen. Erste Schritte in diese Richtung sind getan.

Ein Land, eine Stimme: die WTO

Dass es auch auf demokratischem, multilateralem Wege geht, beweist
die Welthandelsorganisation (WTO). Im Unterschied zu IWF und Weltbank beruht das Geben und Nehmen hier auf Gegenseitigkeit. Abmachungen der WTO etwa zur Abschaffung von Zöllen und Handelsbarrieren sind multilateral: Damit sie in Kraft treten können, müssen alle
Länder zustimmen. Doch auch die WTO mit ihren mehr als 140 Mit-
gliedsländern steht im Kreuzfeuer der internationalen Globalisierungskritik – dabei hat die Genfer Organisation es noch am wenigsten verdient. Hervorgegangen aus dem General Agreement on Tariffs and
Trade (GATT), strukturiert die WTO den internationalen Handel. Sie
verfolgt nur solche Ziele, auf die sich alle Länder geeinigt haben. Die
WTO setzt an der empfindlichsten Stelle des internationalen Handels
an, nämlich bei den Handelsbeschränkungen.

Das Prinzip ist einfach: Damit alle am globalen Handel teilnehmen
können, müssen alle auf möglichst vielen Märkten konkurrieren können. Das bedeutet auch, dass sich alle von der antiquierten Vorstellung
lösen müssen, bestimmte Sektoren zu schützen, die im globalen Konkurrenzkampf keine Chance haben – aber eben zu einem Zeitpunkt,
zu dem sich die Staaten selbst für eine Marktöffnung reif fühlen. Im
Rahmen der WTO einigen sich die Mitgliedsländer in Handelsverträgen auf den Abbau von Schutz- und Stützungsmechanismen. Haupt-
kritikpunkt von WTO-Gegnern ist der Strukturwandel, der oftmals mit
der Öffnung der Märkte einhergeht. Dabei ist es gerade dieser Wandel,
der Ländern die Möglichkeit gibt, ihre komparativen Kostenvorteile
auszunutzen – den Umstand, dass sie bestimmte Güter günstiger produzieren können als andere. Von dem so verdienten Geld können sie
wiederum Güter kaufen, die sich anderswo besser produzieren lassen.
Für die internationale Arbeitsteilung bedeutet dies, dass sich Länder
mit niedrigen Arbeitskosten auf arbeitsintensive Fertigungen verlegen,
solche mit hohen Arbeits- und niedrigen Kapitalkosten auf kapitalin-

tensive. Was spricht dagegen, Fertigungen zunächst in Entwicklungsländer zu verlagern, die Entwicklung neuer Produkte und Dienstleistungen aber bis auf weiteres in der entwickelten Welt zu belassen? In
der Konsequenz gibt es neue Beschäftigung in den Entwicklungsländern zu tendenziell steigenden Löhnen. Und mit steigendem Wohlstand bessern sich auch Bildungsstandard, Gesundheitsversorgung
und Infrastruktur.

Die WTO ist der Motor der Globalisierung. Sie stößt solche Entwicklungen erst an, und sie ist gerade kein Instrument der Mächtigen, um
die Armen zu unterdrücken. Im Gegenteil: Geschickt ausgenutzt, ist die
WTO ein Instrument der Entwicklungsländer, ihre Position in der Weltwirtschaft zu verbessern. Die beteiligten Entwicklungs- und Schwellenländer haben sich innerhalb der Organisation mittlerweile gut organisiert. Sie wissen, dass sie jede weitere Liberalisierung des Welthandels
aufhalten können. Sie fordern die Marktöffnung in den Industrieländern für ihre Agrarprodukte, und sie haben gute Chancen, damit durch-
zukommen. Einen ersten, bescheidenen Erfolg können sie verbuchen:
Die laufende Liberalisierungsrunde, die mit dem WTO-Ministertreffen
in Katar begann, wurde »Entwicklungsrunde« getauft – in der Geschichte der Handelsorganisation ein Novum. Die Verhandlungsstrate-
gie der Entwicklungsländer ist klar: Keine weiteren Liberalisierungen,
solange nicht der Agrarhandel von allen Schranken und Exportsubventionen befreit wird. Denn bislang stecken die Industrieländer jährlich
350 Milliarden Dollar in Agrarsubventionen – auch in Exportsubventionen, die eigene Produkte auf Märkten der Entwicklungsländer verbilligen. Das ist fünfmal so viel, wie weltweit in die Entwicklungshilfe fließt.
Doch eine weit bessere Hilfe wäre die Agrarliberalisierung: Die Weltbank erwartet für den armen Süden Mehreinnahmen von 620 Milliarden Dollar, sollten die Länder des Nordens ihre Agrarmärkte vollends
öffnen. Über den Umweg WTO werden die Entwicklungsländer über
kurz oder lang zumindest einen Teil dieses Potenzials ausschöpfen können.

Zudem prüfen auch die Entwicklungsländer sorgfältig, auf welche
Liberalisierungen sie sich einlassen. Kein Land möchte sich in den Ver-

handlungen übervorteilen lassen. Und weil letztlich alle von der Liberalisierung profitieren können, wägen sie Vorteile gegen Nachteile sehr genau ab. Die Unterstellung, die Dritte Welt lasse sich überrumpeln, wird ihrem Verhandlungsgeschick und ihrer Organisationsfähigkeit nicht gerecht. Anders als im Falle des IWF profitieren bei der WTO alle Beteiligten. Die Entwicklungsländer haben ein Interesse an der Öffnung der Industrieländer und umgekehrt. Und schließlich besteht auch innerhalb des WTO-Regimes die Möglichkeit, Industrien für eine begrenzte Zeit unter Zollschutz zu stellen, wenn sie sich erst entwickeln müssen; ein Instrument, das ausschließlich Entwicklungsländern dienen soll. Dahinter steht die Überlegung, dass die gerade erst entstehende Industrie eines Landes noch nicht auf den Weltmärkten konkurrieren kann, also auch nicht mit ausländischen Anbietern ähnlicher Güter im eigenen Land. Für arme Länder sind solche Ausnahmen lebensnotwendig.

Die WTO ist Vorbild im System der »global governance«. Als einzige globale Institution mit freiwilligem Charakter verfügt sie über einen funktionierenden Sanktionsmechanismus. Verstöße gegen WTO-Vereinbarungen werden vor einem Schiedsgericht verhandelt. Das Gericht kann Vergeltungszölle erlauben, die eine Ökonomie empfindlich treffen können. Weil alle Staaten von den WTO-Arrangements profitieren, sind sie bereit, sich diesen Streitschlichtungsinstanzen zu unterwerfen. Heben die USA ihre Stahlzölle an, weil sie die eigenen Stahlhütten von der Schließung bedroht sehen, müssen sie mit Widerstand rechnen. Stellt sich heraus, dass das Ziel einzig die Verhinderung unliebsamen Wettbewerbs ist, sind selbst die USA zur Rücknahme des Zolls verpflichtet, andernfalls drohen Vergeltungszölle. Was, wenn Computerprogramme made in USA plötzlich weit teurer auf ausländische Märkte kommen, weil Gegenzölle der restlichen Welt sie verteuern? Wenn Absatzmärkte angesichts gestiegener Preise wegbrechen? Der Aufschrei in den USA wäre mindestens so groß wie jener der Stahlarbeiter. Der volkswirtschaftliche Schaden wäre immens.

Die Lehre für die globale Ökonomie: Sie funktioniert umso besser, je mehr Staaten sich daran beteiligen. Dadurch wächst die wechselseitige Abhängigkeit, die Stabilität des Welthandelssystems und letztlich auch die Chance, dass eine wachsende Zahl von Staaten davon profitieren kann. Die WTO macht vor, wie sich der Prozess der Globalisierung wirkungsvoll strukturieren lässt. Und der freie Handel ist und bleibt die beste Form der Hilfe zur Selbsthilfe – wenn er die betreffenden Länder nicht »überfällt«.

Die Reformen haben begonnen

IWF, Weltbank und WTO haben die Globalisierung vorangetrieben, und sie sind mächtig. Doch diese Organisationen sind nur wenig älter als die jüngsten Globalisierungsschübe – und sie stehen erst am Anfang. Wer sie schlicht verdammt, macht sich die Sache zu leicht. Zu den Erkenntnissen der letzten Jahre zählt die, dass die Grenzen des globalen Wohlstands maßgeblich von denen bestimmt werden, die noch unterdurchschnittlich von ihm profitieren. Wer meint, sich auf deren Kosten bereichern zu können, verkennt ihren Einfluss auf seinen eigenen Wohlstand. Diese Lektion haben auch die drei großen internationalen Institutionen erst lernen müssen. Doch das neue Wissen greift Raum. Auch wenn die Bretton-Woods-Schwestern immer noch in der Legitimationskrise stecken, auch wenn die Versuchung groß ist, erst die Interessen der Großen zu bedienen: Die Globalisierung lässt sich nicht erzwingen. Sie findet nur statt, wenn alle Volkswirtschaften ungehindert am Wettbewerb teilnehmen können. Erst dann kann freier Welthandel dazu beitragen, die Neid und Unfrieden stiftende ungleiche Verteilung von Wohlstand und Chancen zu lindern. Währungsfonds, Weltbank und Welthandelsorganisation sind Motoren dieser Entwicklung und ihr Rahmen zugleich. Der schnelle Wandel verlangt auch ihnen viele Reformen ab, und noch nicht alles ist zum Besten bestellt. Aber eine Globalisierung, die langfristig alle Staaten der Welt einbeziehen soll, wird ohne die Stabilität des IWF, die Hilfe der Weltbank und die Regeln der WTO nicht auskommen.

Irrtum Nr. 3:
Der freie Welthandel dient nur der Ausbeutung der Entwicklungsländer

Da ist sie wieder, die Marx'sche Reservearmee. In der modernen Variante sind es nicht mehr nur die Maschinen, die teure Arbeit ablösen, sondern Hunderttausende billiger Arbeiter, die zu Hungerlöhnen in Entwicklungsländern schuften – für Märkte und Unternehmen in den reichen Ländern, die nur eines wollen: so viel wie möglich so billig wie möglich. Statt lebensnotwendige Güter für den heimischen Bedarf herzustellen, vergrößern billige Arbeiter die Profite ohnehin reicher Staaten. Die Entwicklungsländer dagegen müssen permanent Devisen heranschaffen, um ihre hohen Auslandsschulden bedienen zu können. Aus demselben Grund verscherbeln sie ihre Rohstoffe zu fallenden Weltmarktpreisen, anstatt selber ihr Kupfer zu Kabeln, ihr Öl zu Benzin, ihr Gold zu Schmuck zu verarbeiten. Für jeden Dollar, der in die Entwicklungshilfe fließt, so schimpfen Globalisierungskritiker, werden den armen Ländern durch unfairen Handel zwei Dollar wieder abgenommen.

Das ist die eine Seite der Medaille, und sie kennzeichnet die schwierige Situation vieler Entwicklungsländer, wie sie sich im Laufe des vergangenen Jahrhunderts herausgebildet hat. Auf der anderen Seite stehen die Chancen, die diesen Ländern aus dem freien Welthandel entstehen. Wäre der Außenhandel, wie vielfach behauptet, tatsächlich die neue Einflugschneise imperialistischer Ausbeuter, dann müssten sich die Lebensbedingungen in den Entwicklungsländern im Lauf der letzten Jahrzehnte unterschiedslos verschlechtert haben. Doch das trifft nicht zu. Zwar müssen heute – ebenso wie Mitte der 8oer Jahre – 1,1 Milliarden Menschen ihren Lebensunterhalt mit weniger als einem Dollar pro Tag bestreiten. Doch im gleichen Zeitraum wuchs auch die Weltbevölkerung um mehr als eine Milliarde – von 5 auf nunmehr 6,1 Milliarden Menschen. Was in absoluten Zahlen nach Stagnation klingt, belegt im Verhältnis eine deutliche Verbesserung: Der Anteil derjenigen, die unter der Ein-Dollar-Armutsgrenze leben, sank im gleichen Zeitraum von 22 auf 18 Prozent.

Eine Reihe weiterer Entwicklungsindikatoren macht ebenfalls Hoffnung: In fast allen Regionen der Welt stieg in den letzten 30 Jahren die Lebenserwartung. In den am wenigsten entwickelten Ländern erhöhte sie sich seit 1975 von 44 auf 51 Jahre, in Südasien von 50 auf 62 Jahre, in den arabischen Ländern von 52 auf 66, in Ostasien und Lateinamerika von 60 beziehungsweise 61 auf 69 Jahre. Deutliche Fortschritte hat es seit Mitte der 70er auch bei Bildung und Ausbildung gegeben, einem für die wirtschaftliche Entwicklung ganz entscheidenden Punkt. Die Analphabetenquote ist durchgängig gesunken – in den am wenigsten entwickelten Ländern seit 1985 von über 60 Prozent auf 48 Prozent, in Südasien von 56 auf 45 Prozent, in der Subsahara-Region von 55 auf unter 40 Prozent und in den arabischen Staaten von 54 auf unter 39 Prozent. Südostasien und Lateinamerika streben auf einen Wert von 10 Prozent zu und liegen damit deutlich besser als der Weltdurchschnitt von 30 Prozent.

Solche Indikatoren können zwar die Lebensumstände der Bevölkerung nur sehr grob beschreiben. Doch immerhin lassen sie den Schluss zu, dass sich die Lebensqualität in den Entwicklungsländern in den vergangenen Jahren in wichtigen Bereichen verbessert und keineswegs durchgängig verschlechtert hat. Gleichzeitig konnte die so genannte Dritte Welt ihren Anteil am Welthandel in den vergangenen Jahren kontinuierlich steigern. Und in den Ländern, die ihren Außenhandel am stärksten ausgeweitet haben, ist die Wirtschaft weit überdurchschnittlich gewachsen. Das bringt manches Argument ins Wanken: Handel und Globalisierung ermöglichen vielen Entwicklungsländern erst jenen Wohlstand, den Kritiker durch die Globalisierung bedroht sehen.

Fortschritt, aber keine Euphorie

Grund zur Euphorie gibt es trotzdem nicht. Die Situation in den meisten Entwicklungsländern hat sich in den vergangenen Jahrzehnten trotz Entwicklungshilfe, Schuldenerlass und fortschreitender Integration in die Weltwirtschaft nur schleppend verbessert. Die Armut geht noch immer sehr langsam zurück. Die 49 Länder, die von den Vereinten Nationen als am wenigsten entwickelt eingestuft werden, kommen auf ein Pro-Kopf-Einkommen, das gerade mal 5 Prozent des Weltdurchschnitts ausmacht. Bezogen auf den Durchschnitt der reichsten Länder erreicht es nur 1 Prozent. Verglichen mit den USA, Westeuropa und Japan liegen die Reallöhne in einigen Ländern der Dritten Welt um bis zu 70-mal niedriger. Hungerlöhne, so die Klage vieler Kritiker, kennzeichneten das Leben in den ärmsten Ländern der Welt.

Aus Sicht der Globalisierungsgegner sind es die Unternehmen des Nordens, die immer weiter auf die Löhne drücken: Sie spielen Entwicklungsländer gegeneinander aus und treiben sie so in einen unseligen Wettbewerb um die schlechtesten Arbeitsbedingungen. Michel Chossudovsky, kanadischer Wirtschaftswissenschaftler und einer der intellektuellen Vorkämpfer wider die Globalisierung, weist gar dem Internationalen Währungsfonds und der Weltbank die Schuld an den fallenden Löhnen zu: Hauptziel ihrer Strukturanpassungsmaßnahmen sei die weltweite Rückführung der Lohnkosten – zu Gunsten der großen Konzerne. Gleichzeitig, so der Vorwurf, raube die weltmarktbestimmte Produktion den Entwicklungsländern die Möglichkeit, Arbeitsplätze aus eigener Kraft zu schaffen. Know-how und Kapital zum Aufbau von Produktionskapazitäten fehlten, eine selbstbestimmte wirtschaftliche Entwicklung werde unmöglich. Noch dazu sehen viele Kritiker die reichen Länder als Raubritter der Rohstoffe: Sie seien nicht an einer eigenständigen wirtschaftlichen Entwicklung der Dritten Welt interessiert, sondern vorrangig an billigen Rohstoffen. Als Indiz dient die Exportzusammensetzung der Entwicklungsländer.

Die Palette der Güter, mit denen Entwicklungsländer am Weltmarkt auftreten, ist häufig immer noch von Rohstoffen dominiert. In mehr als 50 Entwicklungsländern hängen mehr als die Hälfte der Exporteinkünfte von drei oder weniger Rohstoffen ab – und deren Preise sind in den vergangenen Jahren häufig stark rückläufig gewesen. Kupfer, Silber, Zink – viele der Grundstoffe, die besonders in Ländern der Dritten Welt vorkommen, standen in den vergangenen Jahren unter enormem Druck. Und da das Wachstum der Nachfrage nicht reicht, um den Preisverfall auszugleichen, sind die Erlöse aus Rohstoffexporten oftmals rückläufig. Die Fundamentalisten unter den Globalisierungsgegnern ziehen daraus den Schluss, der freie Welthandel bringe den Entwicklungsländern nicht nur keinen Nutzen, sondern schade ihnen sogar: Ihre Rohstoffe würden hemmungslos ausgebeutet, ihre Arbeitskraft für niedrige Tätigkeiten missbraucht. Aus diesem Grund fordern sie, dass die Integration der Entwicklungsländer in den Welthandel zurückgefahren werden soll. Eine fatale Forderung.

Niedrige Arbeitslöhne lassen sich auch anders einordnen – als Wettbewerbsvorteil innerhalb der internationalen Arbeitsteilung. Freier Welthandel ist keine Einbahnstraße: Die Industrieländer können den Entwicklungsländern nur Güter verkaufen, wenn diese auch das Geld dafür haben. Doch die nötigen Devisen müssen sie durch den Verkauf eigener Güter und Dienstleistungen an die Industrieländer erst erwirtschaften. Ein funktionierender Welthandel setzt also voraus, dass die beteiligten Länder ihre Wettbewerbsvorteile auch ausspielen können. Im Fall der Entwicklungsländer bestehen diese Vorteile im relativen Reichtum an einfachen, günstigen Arbeitsplätzen. Mit einer Strategie der Ausbeutung dagegen fügten sich die reichen Länder des Nordens auf lange Sicht selber Schaden zu. Denn als Abnehmer für die Produkte der Industrieländer fielen die Entwicklungsländer dauerhaft aus – ein Bumerang-Effekt. Der »Ausbeutungsgewinn« wäre allenfalls ein sehr kurzfristiger. Ein tragfähiger Welthandel könnte sich auf einer solchen Grundlage nicht entwickeln.

Wachstum durch Handel

Die Reederei NSB Niederelbe, Buxtehude, ist mit fast 250 000 Containerstellplätzen der größte Charter-Reeder in Deutschland. Wenn ihr Name dennoch nicht geläufig ist, liegt dies daran, dass die Reederei die Schiffe auf Zeit an Linienreeder wie Hapag-Lloyd oder Maersk vermietet, unter deren Flagge sie dann fahren. Für Linienreedereien konzipiert NSB auch neue Schiffe und überwacht deren Bau. Bevorzugter Werftenstandort ist allerdings nicht Deutschland oder Europa, sondern Südkorea. Zwar werfen deutsche und europäische Werften ihren koreanischen Konkurrenten vor, sich ihren hohen Weltmarktanteil im Schiffbau – 2001 belief er sich auf 37 Prozent – nur mit Dumpingpreisen erkauft zu haben. Doch den Gesellschafter und Geschäftsführer der Reederei, Helmut Ponath, überzeugt die Leistung der Asiaten: »Qualität und Standard sind in Korea eindeutig besser.« Selbst wenn die deutsche Konkurrenz preislich wettbewerbsfähig ist: koreanische Containerschiffe erhalten den Vorzug. NSB lässt allerdings den größten Teil der Flotte unter deutscher Flagge fahren, obwohl das im Jahr Mehrkosten von durchschnittlich rund 150 000 Euro je Schiff bedeutet. Grund: Das deutsche Personal ist besser ausgebildet, viele Reparatur- und Wartungsarbeiten erledigt die Crew gleich selbst. Das spart Zeit und Geld. Zudem erhalten die Reeder Subventionen für den Einsatz deutscher Matrosen – rund die Hälfte der Mehrkosten fließt so wieder an die Unternehmen zurück.

Das Beispiel zeigt zweierlei: Erstens verschafft der freie Handel Südkorea die Möglichkeit, seine Wettbewerbsvorteile auszuschöpfen. Das Land kann Montageleistungen qualifizierter Facharbeiter und harte, körperliche Arbeit günstig anbieten. Zweitens könnte Korea noch stärker von der Kooperation mit deutschen Unternehmen im Schiffbau profitieren, würde nicht das Beschäftigungspotenzial für koreanische Arbeitskräfte unter anderem durch die deutsche Subventionspraxis künstlich gedämpft. Doch entscheidet auch die Qualifikation: Wären koreanische Schiffsbesatzungen ähnlich gut ausgebildet, dann fiele auch die wettbewerbsverzerrende Subvention weniger stark ins Gewicht.

Der Erfolg koreanischer Schiffe wirft ein Licht auf eine Entwicklung, die in der öffentlichen Diskussion gerne vernachlässigt wird: Die Struktur der Exporte aus Entwicklungsländern hat sich seit Beginn der 80er Jahre gewaltig verschoben. Lag der Anteil industriell gefertigter Waren damals nur bei einem Viertel des gesamten Exportwertes, stieg er mittlerweile auf über 80 Prozent. Der Anteil der Rohstoffe ging gleichzeitig stark zurück. Noch markanter verlief die Entwicklung der Exporte im High-Tech-Bereich. Sie nahmen mit einer deutlich höheren Rate zu als die von industriell gefertigten Gütern insgesamt.

Auch internationale Hilfsorganisationen rechnen mittlerweile vor, dass der Handel oft die beste Entwicklungshilfe ist; dass ein wirtschaftliches Wachstum aus eigener Kraft den Ländern besser hilft als die in der Vergangenheit oft unsinnig angelegten Gelder der internationalen Entwicklungszusammenarbeit. Ganz abgesehen davon, dass die reiche Welt ihre Absicht, 0,7 Prozent ihres Bruttosozialproduktes für die Entwicklungshilfe auszugeben, nicht annähernd umgesetzt hat. Derzeit zahlt sie nur gut 0,2 Prozent. Eine Steigerung der Weltexportanteile Afrikas, Ostasiens, Südasiens und Lateinamerikas um jeweils ein Prozent könnte zu Einkommenssteigerungen führen, die 128 Millionen Menschen aus der Armut befreien würden, rechnet die Entwicklungsorganisation Oxfam vor – weit mehr, als durch die angepeilten Transfers von Hilfsgeldern erreichbar ist.[1] Allerdings liegt ein Großteil der Verantwortung für diese Form der Hilfe bei den entwickelten Ländern: In dem Maße, wie sie Handelsbarrieren abbauen, lassen sie die Entwicklungsländer am Aufschwung durch Handel teilhaben.

Begrenzt handelsbereit: der reiche Norden

Schaden fügen die reichen Staaten des Nordens den Entwicklungsländern vor allem da zu, wo sie sich mit der Globalisierung schwer tun. Insbesondere bei landwirtschaftlichen Produkten erweist sich die entwickelte Welt als begrenzt handelsbereit – und macht Konkurrenten aus armen Ländern nach Kräften das Leben schwer. Agrarerzeugnisse aus den Entwicklungsländern haben auf dem Weltmarkt kaum Chancen, weil die Preise durch Exportsubventionen in den entwickelten Ländern, vor allem in den USA, Japan und den Staaten der EU, gedrückt werden. Gleichzeitig wollen diese Länder auf ihre Agrarzölle nicht verzichten – der heimischen, teuren Landwirtschaft zuliebe. Auch eine eigene Wertschöpfung der Entwicklungsländer, etwa durch die Weiterverarbeitung von Agrarprodukten, ist nicht im Sinne des Nordens, haben doch die Industrieländer den größten Teil der nachgelagerten Wertschöpfungsstufen oft selbst aufgebaut und sind an Konkurrenz nicht interessiert. Am liebsten würden sie jeden Rohstoff selbst veredeln, alle Kaffeebohnen selbst rösten lassen, jedes Blech selber walzen. Die Zollbestimmungen der entwickelten Welt sind mitunter absurd: So waren Tomaten aus Chile bei der Einfuhr in die USA lange mit einem weit niedrigeren Zollsatz belegt als Tomaten in Dosen – ganz zu schweigen von den enorm hohen Zöllen auf Tomatenketchup. Den wollte die US-Regierung lieber amerikanische Arbeiter abfüllen lassen. Dabei würde erst eine Öffnung solcher Märkte der Dritten Welt Chancen eröffnen, erfolgreich mitzubieten und die Abhängigkeit von Rohstofferlösen zu verringern. Gerade im Agrarbereich ist Globalisierung zugleich angewandte Entwicklungshilfe – eine Erkenntnis, die auch den Agrarlobbys in den entwickelten Ländern und ihrem Protektionismus mehr und mehr den Boden entzieht.

Gewinne aus dem Süden – für den Süden

Derweil machen sich die multinationalen Konzerne des Nordens im Süden breit. Volkswagen, Siemens, Adidas, Nestlé, selbst mittelständische Unternehmen haben arbeitsintensive Produktionen in Niedriglohnländer verlagert. Globalisierungskritiker fürchten nicht nur die Ausdehnung ausbeuterischer Beschäftigung, sondern auch eine unfaire Verteilung der Vorteile, die aus den Lohnkostenunterschieden erwachsen: Die transnationalen Konzerne steigerten ihre Gewinne, die aber flössen zurück in die Heimatländer der Unternehmen – sodass den Entwicklungsländern von der Wertschöpfung nur wenig bleibe.

Dabei übersehen Globalisierungsgegner, dass mit der Verlagerung von Arbeitsplätzen in Entwicklungsländer Einkommenspotenziale von den reichen in die ärmeren Länder abwandern – und das beinhaltet das genaue Gegenteil von Ausbeutung. Niedrige Löhne verbilligen die Produkte und lassen Weltmarktpreise fallen. Das steigert die Kaufkraft der Verbraucher – auf der ganzen Welt. Und der Vorwurf, die Nutzung niedriger Lohnniveaus durch große Konzerne bedeute die Ausbeutung billiger Arbeitskraft in armen Ländern, zeugt von einiger Kurzsichtigkeit. Angenommen, ein Unternehmen errichtet ein Werk in einem Entwicklungsland und zahlt dort einen Stundenlohn von einem Euro. Wer immer zu diesem Lohn zu arbeiten bereit ist, weiß, dass er mit einer alternativen Beschäftigung nicht mehr, sondern höchstwahrscheinlich eher weniger verdienen würde – oder aber gar keine Arbeit fände.

Ob und zu welchen Konditionen Menschen in Entwicklungsländern einen Arbeitsplatz annehmen, hängt von ihrer ökonomischen Lage ab – und davon, ob sie eine Verbesserung ihrer Lebensumstände erwarten. Zwar mögen die Löhne im Vergleich etwa zum europäischen Niveau »ausbeuterisch« niedrig sein. Doch für diejenigen, die einen solchen Job annehmen, bessert sich das Leben. Die verstärkte Einbeziehung in den Welthandel kann dadurch viele Entwicklungen anstoßen: Eine Arbeit gegen festen Lohn verringert Unsicherheiten, sie hebt den

Lebensstandard und gibt nachfolgenden Generationen größere Chancen, sie erlaubt oftmals erst die demokratische Mitsprache und den Aufbau von Gewerkschaften. Das wiederum kann vor schlechten Arbeitsbedingungen schützen – und so fort. Diese Entwicklungen sind nicht zwingend – doch in der öffentlichen Diskussion werden sie gerne unterschlagen.

Schritte in die richtige Richtung

Das ändert nichts an der Tatsache, dass ausländische Unternehmen, die in Entwicklungsländern investieren, von niedrigen Anforderungen an die Produktionsbedingungen profitieren. Kurzfristig betrachtet sind die Abwesenheit von oder der Verzicht auf Durchsetzung gesetzlich bindender Arbeitsschutzbestimmungen und Niedrigstlöhne für sie von Vorteil – sie halten die Produktionskosten angenehm niedrig. Auf lange Sicht aber liegt es nicht im Interesse der reichen Länder, aus denen die meisten Direktinvestitionen stammen, wenn in den Entwicklungsländern eine kaufkräftige Nachfrage aufgrund niedriger Löhne quasi nicht entstehen kann. Letztlich fällt das Armutsproblem früher oder später auf die entwickelte Welt zurück – ob wegen schwacher Nachfrage nach ihren Produkten oder in Form sozialer Unruhen.

Sinnvolle Alternativen zur Globalisierung gibt es auch für Entwicklungsländer nicht. Zwar könnten sie ausländische Direktinvestitionen komplett blockieren. Doch damit würden sie nicht nur die Verdienstmöglichkeiten der eigenen Bevölkerung einschränken, sondern sich auch den Weg zu ausländischem Know-how abschneiden, das neue Entwicklungschancen eröffnen kann. Ganz offensichtlich keine vernünftige Strategie. Oder sie könnten Direktinvestitionen davon abhängig machen, dass die ausländischen Investoren in ihren Produktionsstätten dieselben – überdurchschnittlich hohen – Sozialstandards einhalten, die in ihrem Stammland gelten. Im Kern käme auch das einer Investitionsblockade gleich, die Länder verlören einen wesentlichen Standortvorteil. Die Integration der Entwicklungsländer in den Welthandel wäre unter solchen Bedingungen ungleich schwerer.

Stillschweigend setzen Kritiker voraus, dass die ausländischen Investoren ohne Sozialauflagen schlechtere Arbeitsbedingungen bieten als inländische Unternehmen. Doch das entspricht bei weitem nicht den Tatsachen. Ausländische Arbeitgeber gelten in Entwicklungsländern oft als besonders attraktiv. Auch ohne strenge Auflagen sind die

Arbeitsbedingungen meist wesentlich besser als bei inländischen Arbeitgebern – schon deshalb, weil es sich die multinationalen Konzerne schlicht nicht leisten können, in ihren Produktionsstätten gegen grundsätzliche Arbeitnehmerrechte zu verstoßen.

Hier zu Lande haben Gewerkschaften die heutigen Arbeitsbedingungen über Jahrzehnte erkämpft. Die Klage über Zustände, die weit hinter diesen Errungenschaften zurückbleiben, mag zwar berechtigt sein. Und sicher ist es auch richtig, dass Unternehmen, die ihre Produktion in Entwicklungs- und Transformationsländer verlagern, dies weniger der Menschenfreundlichkeit als des Profits halber tun. Doch gerät allzu leicht in Vergessenheit, dass Stärke und Durchsetzungskraft der Gewerkschaften erst wuchsen, als die Arbeiter es sich leisten konnten, für ihre Rechte zu kämpfen. Dieser Kampf setzt voraus, dass es für die Beschäftigten Alternativen zu ihrer augenblicklichen Beschäftigung gibt, sodass sie das Risiko einer Kündigung eingehen können. Hinzu kommt: Mit der wachsenden Abhängigkeit der Arbeitgeber von geschulten Arbeitnehmern wächst die Verhandlungsmacht der Letzteren. Dass, wie häufig in Diskussionen durchschimmert, eine geringere Integration der Entwicklungsländer in den Welthandel oder der Verzicht auf ausländische Direktinvestitionen ein Mehr an Arbeitnehmerrechten bedeutet, ist eine reichlich wagemutige Annahme.

Die Bangladesch-Story

Bangladesch ist einer jener Staaten, die man als die Werkbänke der reichen Nationen bezeichnen könnte. Es zählt zu den ärmsten Ländern der Erde. In der männlichen Bevölkerung kann nur jeder Zweite, in der weiblichen kaum jede Dritte lesen und schreiben. Das Pro-Kopf-Einkommen beläuft sich auf 370 Dollar im Jahr, der Lebensstandard ist, gemessen an westlichen Verhältnissen, extrem niedrig. Auf 1000 Menschen kommen ganze fünf Telefonapparate. Doch Bangladesch wäre noch ärmer, wäre es nicht eines jeder Länder, in denen die Aufträge ausländischer Textilhäuser zur Herstellung ihrer Waren – T-Shirts von Nike, Sweat-Shirts von Tommy Hilfiger oder Jeans von Levi's – landen. Dazu sitzen in Bangladesch 1,5 Millionen Menschen in 3 500 Fabriken an ratternden Nähmaschinen. Diejenigen, die da nähen, sind überwiegend Frauen, sie sind jung, sie leben in den Slums von Dhaka und sie arbeiten unter drückenden Bedingungen mindestens 10, oft 12 Stunden am Tag für einen Tageslohn weit unter dem Niveau der Wohlstandsgesellschaften. Doch die meisten von ihnen kommen vom Land, und sie gehören zu jenen, die sich freigeschwommen haben oder die geflohen sind aus einem dörflichen Leben, in dem sie nicht das Recht hatten, sich in der Öffentlichkeit zu zeigen, und in dem sie in jungen Jahren von ihren Vätern verheiratet wurden.

In den Augen vieler Näherinnen ist fast jede Alternative zu einem solchen Leben ein Aufstieg. Die Chancen für junge Menschen ohne Ausbildung sind auch in der Hauptstadt dünn gesät. Indes verdienen die Näherinnen in Dhaka ungefähr das Dreifache dessen, was ein Bauhilfsarbeiter nach Hause bringen kann. Sie verdienen eigenes Geld und sie können selbst bestimmen, wofür sie es ausgeben – auch wenn es nur für das Allernotwendigste reicht. Von Wohlstand kann hier keine Rede sein, doch die Arbeiterinnen und Arbeiter haben die Chance, eine Generation aufzuziehen, die es besser hat, die eine solide Bildung erfährt und sich auch für bessere Jobs qualifizieren kann: ein langfristig positiver Effekt der Globalisierung, der allzu gern ausgeklammert wird. Wer den ländlichen Idyllen Bangladeschs nachtrauert und in der Landflucht von Arbeiterinnen den Bruch mit Werten und Traditionen sieht, hat noch nicht verstanden, dass das Bevölkerungswachstum vor allem auf dem Land die Existenz des Einzelnen infrage stellt. Die Globalisierung gibt vor allem den Frauen erst die Chance, ihr Leben unter veränderten Bedingungen neu zu organisieren.

Die Ansiedlung von Textilfabriken in Dhaka ist paradoxerweise das Ergebnis des 1974 geschlossenen Multifaser-Abkommens, einer Vereinbarung zwischen Industrie- und Entwicklungsländern zur Quotierung des Außenhandels mit Textilien. Europäische und US-amerikanische Hersteller wollten sich mit diesem Abkommen einen Schutz vor preiswerten Textilimporten aus bestimmten Ländern erkaufen.[2] Bangladesch aber zählte nicht dazu – und bot sich als Alternativstandort an. Investoren aus Staaten wie Südkorea oder Taiwan, die von den Exportbeschränkungen direkt betroffen waren, verlegten ihre Werke kurzerhand dorthin, wo das Abkommen nicht galt. Von dort aus exportierten sie munter weiter. So kam die Textilindustrie nach Bangladesch – eine Ironie der Geschichte.

Die Bangladesch-Story zeigt einmal mehr, dass gerade der Ausschluss vom Handel in den betroffenen Regionen Armut erzeugt. Jene Länder, die das Multifaser-Abkommen fortan vom Textilgeschäft ausschloss, waren die Verlierer – allen voran die dortigen Textilarbeiter. Gewinner waren diejenigen, die nun in den internationalen Handel einsteigen konnten. Auf Umwegen verbesserten sich die Lebensbedingungen von 1,5 Millionen Menschen – weil, nicht obwohl sie am Welthandel teil hatten. Letztlich hatte dies auch zur Folge, dass bengalische Näherinnen eine eigene Gewerkschaft gründen konnten.

Richtig ist: Exporterfolge werden häufig von ausbeuterischen Praktiken begleitet, vor allem gegenüber den schwächsten Gliedern der Kette, den Arbeitern. Doch die Ursache liegt nicht im Freihandel. Die Regierungen und Verwaltungen vieler Entwicklungsländer sind nach wie vor hochkorrupt und bereit, gegen ausreichend hohe Zahlungen Verstöße gegen geltende Gesetze zuzulassen. Ihr Einsatz zur Bekämpfung der

Armut ist oft lächerlich, gemessen an der Initiative für den eigenen Geldbeutel. Demokratisierungsprozesse brauchen, wie der Aufbau von Gewerkschaften, einige Zeit, aber sie kommen vielerorts deutlich voran. Dies ist nicht zuletzt der Globalisierung zu verdanken. Eine internationale kritische Öffentlichkeit entwickelt sich in dem Maße, wie die weltweite Vernetzung wächst. Die Kommunikationsrevolution des Internets macht auch vor Entwicklungsländern nicht Halt, und sie beschleunigt die Demokratisierung, wie sie auch hilft, den Widerstand gegen schlechte Arbeitsbedingungen zu organisieren. Anders als von Gegnern oftmals unterstellt, führen Freihandel und Globalisierung die Länder nicht in diese Probleme hinein. Sie liefern einen entscheidenden Ausweg.

Mit Agrarexporten aus der Armut

Diejenigen, die sich gegen das Konzept exportorientierten Wachstums wenden, wähnen auch Ausbeutung in der Landwirtschaft. Die Einkommen aus dem Export landwirtschaftlicher Produkte, so der Vorwurf, kämen ganz überwiegend den monopolistischen Unternehmen des Agrobusiness zugute. Doch soll dies im Umkehrschluss heißen, dass die reichen Länder des Nordens ihre Märkte gegen Reis aus Vietnam, Tee aus Indien oder Zucker aus Mosambik abschotten sollten, um eine gerechtere Verteilung der Außenhandelsgewinne zu erzwingen? Das eigentliche Problem liegt hier nicht im internationalen Handel, sondern in staatlichem Versagen. Monopole sind Gift für die wirtschaftliche Entwicklung – im reichen Norden wie im armen Süden. Hier wie dort müssen Regierungen dafür sorgen, dass monopolistische Marktstrukturen, etwa in Gestalt großer Exporthandelsunternehmen, die den Bauern die Abnahmepreise diktieren, zerschlagen oder reguliert werden. Das allerdings setzt einmal mehr den Kampf gegen die Korruption voraus: Die Verbindungen der Monopolisten zu den Behörden sind in der Regel gut.

Beispiele geglückter Armutsbekämpfung durch gesteigerten Export von Agrarprodukten zeigen, dass es auch anders geht. In Vietnam entschloss sich die regierende Kommunistische Partei 1986 zu einem groß angelegten Reformprogramm: »doi moi« – Erneuerung. Das Programm sollte dem Land den Weg an die Weltmärkte ebnen: Vietnam öffnete sich politisch und ökonomisch, intensivierte die Beziehungen zum Westen und leitete den Übergang von der Plan- zur Marktwirtschaft ein. Auch die Reisbauern zählten zu den Profiteuren der Reform: Nach Jahrzehnten sozialistischer Planwirtschaft übertrug die Regierung die Nutzungsrechte an den Ländereien auf die Landwirte. Zudem senkte sie die Steuern auf landwirtschaftliche Erzeugnisse und schaffte die staatlichen Preiskontrollen ab. Dadurch konnten die Landwirte ihre Reisverkäufe am Markt steigern. Dies wiederum schuf neue Produktionsanreize und befreite viele Bauern aus der Lethargie eines Marktes, auf dem sie zuvor nicht viel verdienen konnten: Die Reisproduktion legte zu. In den 90er Jahren produzierte Vietnam so viel Reis, dass es auf dem heimischen Markt mehr als genug davon gab – nun waren die Exportmärkte eine wichtige Einnahmequelle der vietnamesischen Reisbauern. Binnen 15 Jahren stieg Vietnam, vormals auf die Einfuhr von Reis angewiesen, zum zweitgrößten Reis-Exporteur der Welt auf. Der Anteil der vietnamesischen Haushalte unterhalb des Existenzminimums sank im gleichen Zeitraum von einem Drittel auf ein Zehntel.

In Uganda war infolge des Bürgerkriegs und einer verfehlten Wirtschaftspolitik die Kaffeeproduktion im Norden der Hauptstadt Kampala praktisch zum Erliegen gekommen. Weil die Kaffeebauern von jedem Dollar, der über den Export eingenommen wurde, nur zehn Cents abbekamen, zogen sie sich in die Subsistenzwirtschaft zurück – sie ackerten nur noch für den eigenen Bedarf. Ende der 80er Jahre schuf die Regierung Ugandas neue Bedingungen, um den Außenhandel der ugandischen Wirtschaft zu fördern: Sie hob die Steuern auf Kaffee-Exporte auf und wertete den ugandischen Shilling gegenüber dem Dollar kräftig ab. Beides verbilligte den ugandischen Kaffee auf dem Weltmarkt, ohne dass die einheimischen Kaffeeproduzenten weniger verdienten. Darüber hinaus liberalisierte die Regierung den Import von Vorleistungen für die Landwirtschaft. Dadurch wurden etwa Düngemittel und Landmaschinen deutlich leichter verfügbar. Das Ergebnis: Die Einkommen der Kaffeefarmer der Region stiegen trotz niedriger Weltmarktpreise enorm an, die Armutsrate ging von knapp 60 auf 35 Prozent zurück. Auch für Schulbildung und Gesundheit, so berichtet die Entwicklungsorganisation Oxfam, blieb mehr Geld übrig. Darüber hinaus konnten die Kaffeefarmer durch die Einkommenszuwächse ihre Produktion weiter auffächern: Sie kauften Vieh und bauten Gemüse an. Diese Produkte konnten sie wiederum auf den lokalen Märkten absetzen oder an Exporthandelsunternehmen verkaufen – mit Gewinnen, die sie letztlich der Globalisierung verdankten.

Der Einstieg in den Welthandel wird nicht von heute auf morgen zum Exportboom in anderen Bereichen der Wirtschaft führen. In der Theorie durchlaufen auch Staaten Entwicklungsstufen, die mit der

Übernahme bereits bestehender Technologien beginnen. Erst schrittweise führt dies über Produktivitäts- und Einkommenssteigerungen zum Aufbau eigenständiger Exportzweige. Dass in diesem Prozess diejenigen Länder erfolgreicher waren, die ihre heimische Wirtschaft zunächst durch Importbeschränkungen vom Weltmarkt abschirmten, während sie durch eine Ausweitung ihrer Ausfuhren die Basis für inländisches Wachstum verbreiterten, ist kein Argument gegen freien Welthandel. Es spricht vielmehr für eine schrittweise, dauerhaft tragfähige Integration – die etwa auch das Mittel so genannter Erziehungszölle nutzt. Diese Zölle erlauben eine vorübergehende Protektion in Branchen, die noch nicht wettbewerbsfähig sind – um ihnen Zeit für den Aufholprozess zu geben.

Ein nachhaltiges Wachstum liegt auch im Interesse der Industrieländer. Erst eine eigene Wertschöpfung in Entwicklungsländern, erst stetiges Wirtschaftswachstum lässt funktionierende Märkte und dauerhaft tragfähige Handelsbeziehungen entstehen. Wenn Industrieländer dieses Interesse nicht hinreichend verfolgen, liegt das mitunter an der Lobbyarbeit heimischer Anbieter und Arbeitnehmerorganisationen, die Angst vor einer Verschlechterung des Status quo haben. Neue Industrien in Entwicklungsländern bedeuten immer auch neue Konkurrenz, sie bedrohen Arbeitsplätze und Gewinne in der entwickelten Welt.

Entwicklungsländer – Leichtgewichte in Handelsrunden?

Doch der Druck aus den Entwicklungsländern wächst. Vor allem in den seit 2001 laufenden Verhandlungen zur weiteren Liberalisierung des Welthandels kämpfen die Regierungen dieser Länder um mehr Einfluss. Andernfalls, so drohen sie, ließen sie jede neue Übereinkunft der Welthandelsorganisation platzen. Unausgewogene Handelsregeln in den Bereichen, in denen ihre Länder bedeutende komparative Vorteile haben, wollen sie ändern, neue Wettbewerbsbeschränkungen verhindern. Und in Gesprächen mit Einzelstaaten und Handelsblöcken dringen sie auf eine immer stärkere Integration in den Welthandel – mit Erfolg. »Everything but Arms« heißt die Freihandelsoffensive der Europäischen Union für die Ärmsten der Armen – »alles außer Waffen«. Sie ist eine Reaktion der EU auf das Auftreten der Entwicklungsländer 1999 in Seattle. Bei der dortigen WTO-Konferenz hatten die Staaten deutlich gemacht, dass sie sich nicht länger von den Früchten der Liberalisierung des Welthandels ausschließen lassen wollen – und dass sie auch keine »Öko- und Sozialdiktatur« des reichen Nordens dulden, der ihnen hohe Standards aufzwingt, um sie als Konkurrenten auszuschalten.

Die »Alles-außer-Waffen«-Vereinbarung« eröffnet den 49 nach der Klassifikation der Vereinten Nationen am wenigsten entwickelten Ländern – die meisten von ihnen afrikanische Staaten südlich der Sahara – seit März 2001 die Möglichkeit, ihre Waren zollfrei und ohne Mengenbeschränkung auf den Märkten der EU abzusetzen – Waffen ausgenommen. Die Initiative bezieht sich vor allem auf Agrarprodukte; gewerbliche Waren sind schon seit Anfang 1998 zollfrei. Durch die entsprechende Verordnung der EU sind nun rund 900 Güter aus dem Agrarbereich für die am wenigsten entwickelten Länder, die so genannten LDCs, von Einfuhrzöllen befreit. Übergangsregeln bis zur vollständigen Liberalisierung, die 2006 beziehungsweise 2009 erreicht sein soll, gelten für Bananen, Reis und Zucker.

Dass ausgerechnet die LDCs in den Genuss europäischer Marktöffnungen kommen, ist nur folgerichtig und wohl kaum eine Form der Ausbeutung. In der Vergangenheit sind diese Länder, verglichen mit der Gesamtheit der Entwicklungsländer, enorm zurückgefallen. Gegenwärtig steuern sie nur 0,5 Prozent zum Welthandel bei, während ihre 675 Millionen Menschen rund 11 Prozent der Weltbevölkerung ausmachen. Inwieweit sie von der Initiative profitieren werden, wird sich erst zeigen müssen. Einige der Staaten haben aufgrund mangelnder Kapazitäten oder wegen ihrer schlechten Infrastruktur Mühe, Vorteile aus der Vereinbarung zu ziehen. Doch für die EU markiert die Initiative eine vorsichtige Abkehr vom Agrarprotektionismus: Derzeit halten die Landwirtschaftssubventionen der EU Produkte aus der Dritten Welt nicht nur vom Gemeinschaftsmarkt fern. Auch auf Drittmärkten, in die überschüssige EU-Produktion häufig zu Niedrigstpreisen exportiert wird, sind Erzeugnisse aus Entwicklungsländern nicht konkurrenzfähig. Künftige Exporterfolge nicht nur der ärmsten Länder werden ganz entscheidend davon abhängen, ob die EU tatsächlich ihre Subventionspolitik im Agrarsektor reformiert.

Handel für die Menschenrechte: die »good governance«

Einen wichtigen Schritt in Richtung Integration bedeutet auch das Cotonou-Abkommen, das 77 Ländern Afrikas, der Karibik und des Pazifiks (AKP) den Zugang zu den Märkten der EU erleichtert. Als Nachfolger der seit 1974 geschlossenen vier Lomé-Abkommen, die die Zusammenarbeit zwischen Brüssel und den AKP-Staaten in Handel und Entwicklung regelten, stellt der Cotonou-Vertrag nicht nur einen neuen Anlauf dar, die Wirtschafts- und Entwicklungszusammenarbeit effektiver zu gestalten und so die Armut zu überwinden. Er ist auch Grundlage für eine verstärkte Bindung der EU-Hilfen an politische Kriterien. Die Durchsetzung von Menschenrechten und Demokratie wird damit für den Handel wichtiger: So setzte die EU die Zusammenarbeit mit einigen die Menschenrechte verletzenden Staaten ganz oder teilweise aus. Die Durchsetzung des Prinzips der »good governance« – eines verantwortlichen, entwicklungsorientierten und transparenten Umgangs mit den Ressourcen eines Landes – ist politischer Anspruch des Cotonou-Abkommens. Auch die Bekämpfung der Korruption fällt unter diese Kriterien. So will die EU auf Umwegen über den Handel nichtstaatliche Akteure stärken. Gewerkschaften, Umweltschützer, Menschenrechtler – alle möglichen Interessengruppen sollen bei der Umsetzung des Abkommens zu Wort kommen. Gelingt dies, so dürfte Cotonou demokratische Mitspracherechte, Selbsthilfe und Privatwirtschaft in den Entwicklungsländern erheblich voranbringen. Besser als bislang will die EU die Verwendung der Entwicklungshilfegelder, die den Ländern im Rahmen des Abkommens zur Verfügung gestellt werden, kontrollieren. Das soll verhindern, dass erhebliche Summen in die falschen Taschen fließen, anstatt die Teilhabe der Staaten am internationalen Handel zu verbessern. Letzterer dient hier als Hebel zur Verbesserung der Lebensbedingungen. Und solange solche Abkommen der Prämisse einer nachhaltigen Entwicklung in den Entwicklungsländern folgen, können sie der Globalisierung eine neue Richtung geben – zum Nutzen der meisten Beteiligten. Geht es nach dem Cotonou-Abkommen, werden die Entwicklungsländer auch ihre Rohstoffpreise schrittweise freigeben. Sie sind in vielen Ländern bislang reguliert, um die Exporteinnahmen von Weltmarktschwankungen unabhängiger zu machen. In aller Regel liegen die staatlich verordneten Preise oberhalb des Weltmarktniveaus. Kritiker mögen dahinter eine Einmischung in innere Angelegenheiten der Entwicklungsländer vermuten; dies gefährde letztlich die Arbeitsplätze all jener, die in den regulierten Branchen arbeiten. Doch was wie Bevormundung durch Brüsseler Bürokraten aussieht, soll letztlich der Entwicklung dienen. Denn abgesehen davon, dass die staatliche Subventionierung viel Geld kostet, das sich anders weit besser verwenden ließe, hemmt sie den Aufbau tragfähiger Wirtschaftsstrukturen. Solange die Rohstoffe einen sicheren und schwankungsfreien Exporterlös garantieren, gibt es wenig Anreiz, neue Industrien aufzubauen – und die einseitige Abhängigkeit von endlichen Rohstoffen zu verringern.

Ohne die kostspielige Preisstützung wird es zudem attraktiver, die Rohstoffe zunächst in eigener Regie zu veredeln, statt sie unverarbeitet auf dem Weltmarkt anzubieten. Die Deregulierung des Rohstoffhandels beschleunigt den Strukturwandel in der Exportwirtschaft und eröffnet neue Chancen – vorausgesetzt natürlich, abgestufte Zölle der Industrieländer sperren die veredelten Produkte nicht aus. Eine Alternative zu neuen Strukturen haben die Entwicklungsländer nicht.

Mehr Handel, nicht weniger

Gemessen an den immensen Problemen der Dritten Welt sind diese
Vorstöße zwar nur kleine Schritte, und sie speisen sich nicht nur aus
»gutmenschlichen« Motiven. Aber sie zeigen: Die eigentlichen Chancen
der Entwicklungsländer liegen im Handel mit der restlichen Welt. Zwar
steht freier Welthandel nicht für einen automatischen Wandel hin zu einer Art weltweiter Marktwirtschaft mit sozial gerechter Verteilung.
Doch mit der Globalisierung wächst die Einsicht, dass eine friedliche
und prosperierende Welt nur möglich ist, wenn alle teilhaben dürfen.

Der freie Welthandel, den viele Globalisierungsgegner für die Wur-
zel allen Übels halten, ist weder der Grund für Armut in der Dritten
Welt, noch ist er ein Vehikel der Blutsaugerei, mit dem sich die reichen
Länder Zugang zu den armen verschaffen. Die Armut in der Dritten
Welt, hat andere Gründe: Bevölkerungswachstum auf der einen Seite
und Epidemien auf der anderen, Raubbau an der Natur und unsinnige
Entwicklungskonzepte, marode Industrien und Mangel an Handel,
Kriege und Unsicherheit, Misswirtschaft und Korruption. Die entwi-
ckelte Welt ist alles andere als unschuldig an dieser Armut – doch mit
einer konsequenten Liberalisierung des Welthandels könnte sie den
Entwicklungsländern entscheidend helfen.

Ein Selbstläufer ist die Liberalisierung aber nicht. Damit sie die Entwicklungsländer stärkt und den Aufbau einer autonomen Wirtschaft
fördert, braucht es einen verlässlichen, multilateral abgestimmten Ordnungsrahmen. Bei den am wenigsten entwickelten Ländern müssen Liberalisierung und vermehrte Globalisierung von maßgeschneiderten
Entwicklungsstrategien begleitet sein. Dies setzt Demokratisierung, ein
funktionierendes Rechtssystem und die Bekämpfung der Korruption
voraus. Und sie hilft mit, dies überhaupt erst durchzusetzen.

Irrtum Nr. 4:
Die Globalisierung vernichtet unsere Arbeitsplätze

Die Herren Minister waren aus aller Welt angereist, und sie sahen sich einem spektakulären Empfang gegenüber: Seattle, Dezember 1999. Mehr als 50 000 Demonstranten verwandelten die Ministerkonferenz der Welthandelsorganisation, die eigentlich eine neue Runde der Handelsliberalisierung einläuten sollte, in ein Protest-Event. Wenig später sollte die Konferenz ebenso spektakulär scheitern. Der Aufstand von Seattle war der erste große Auftritt einer organisierten Anti-Globalisierungsbewegung. Einer Bewegung, die fortan jedes Gipfeltreffen der Großen und Mächtigen der Welt beherrschen sollte.

Doch wer genau hinsah, erkannte schon in Seattle einen Aufmarsch unterschiedlicher Interessen. Nur einem Teil dieser Globalisierungsgegner ging es um Hunger und Ausbeutung in der Dritten Welt, um Umweltzerstörung oder Kinderarbeit. Die anderen Demonstranten hatte das US-Gewerkschaftsbündnis AFL-CIO organisiert. Die Gewerkschaften hatten mit ihren Protesten etwas ganz anderes im Auge: Die Globalisierung, so klagten sie, vernichte Arbeitsplätze in der entwickelten Welt. In Seattle wollten die Gewerkschaften verhindern, dass eine weitere Liberalisierung des weltweiten Handels Arbeitsplätze in den Industrieländern gefährdet. Ihre Angst: Jede weitere Liberalisierung, jeder gefallene Zoll, jede abgeschaffte Exportgarantie verschärfe den Wettbewerb auf dem Weltmarkt, senke die Weltmarktpreise und gehe damit zu Lasten von Standorten mit hohen Löhnen. Den Umstand, dass durch die Globalisierung auch in der entwickelten Welt mehr neue Jobs entstehen können als wegfallen, klammerten die Betroffenen aus.

Florenz, November 2002: Rund 500 000 Demonstranten marschieren durch die Innenstadt, aus Protest gegen die Irak-Politik der Vereinigten Staaten und die »neoliberale Globalisierung«. Doch viele von ihnen kommen gar nicht aus der Anti-Globalisierungsszene. Es sind Fiat-Arbeiter, deren Arbeitsplätze auf dem Spiel stehen, weil der Turiner Konzern Verluste schreibt und Werke schließen will. Auch für sie ist die Globalisierung schuld: Seit Autos aus Japan, Korea und bald auch aus China auf Italiens Straßen fahren, ist der Wind für die italienischen Autohersteller rauer geworden, vor allem für die, die sich nicht rechtzeitig auf Nobelgefährte verlegt haben. Nirgends im Automobilgeschäft ist die Konkurrenz aus aller Welt so hart wie bei Kleinwagen – doch gleichzeitig senkt dieser Wettbewerb die Preise. Das wiederum erlaubt den Verbrauchern, vermehrt andere Produkte zu konsumieren, und sorgt so für neue Arbeitsplätze. Aber diese Zusammenhänge ignorierten die Fiat-Arbeiter. Denn verständlicherweise sahen sie sich zunächst einmal selbst betroffen.

Die Globalisierung des Wettbewerbs

Globalisierung bedeutet für viele Arbeitnehmer in den Industriestaaten vor allem eins: Unsicherheit. Angesichts günstigerer Konkurrenz-Produkte aus den so genannten Billiglohnländern sind Kostensenkung, Rationalisierung und Arbeitsplatzabbau für viele Unternehmen die einzige Chance, international wettbewerbsfähig zu bleiben. Im Hintergrund machen Investoren und Aktionäre Druck: Sie erwarten hohe Renditen und ständige Effizienzsteigerungen. Immer mehr Unternehmen verlagern die Produktion an günstigere Standorte. Andere Revolutionen ebnen der Abwanderung den Weg: Der Transport auch großer Ladungen über weite Distanzen wird immer günstiger; Kommunikation verursacht durch Glasfaserleitungen, Satelliten und Internet mittlerweile keine nennenswerten Kosten mehr; der Siegeszug der Arbeitssprache Englisch lässt Sprachhürden fallen. Die Folge: Vor allem arbeitsintensive Produktionen verlassen die Länder mit hohen Lohnkosten. Das erklärt, warum es in Deutschland kaum noch Textilindustrie gibt, warum selbst unter ähnlichen Förderbedingungen die deutsche Steinkohle international nicht mehr mithalten könnte, warum Schwerindustrie hier zu Lande kaum mehr eine Chance hat.

Der oberfränkische Textilarbeiter, ein amerikanischer Stahlkumpel, österreichische Bergbauern – sie alle sehen sich als die Verlierer der Globalisierung. Die Arbeiter in Entwicklungs- und Schwellenländern unterbieten mit ihren Löhnen vor allem gering qualifizierte Beschäftigte in den Industrieländern. Wenn – angesichts grenzenlosen Daten- und Wissenstransfers – auch noch der Qualitäts- und Know-how-Vorsprung schrumpft, haben Unternehmer oft nur die Wahl zwischen Pleite, Rationalisierung und Abwanderung. Die betroffenen Beschäftigten machen dann gerne den freien Welthandel dafür verantwortlich, dass sie den Arbeitsplatz verloren haben. Doch so einfach ist es nicht. Völlig anders nämlich stellt sich das Bild dar, wenn es nicht mehr nur um den Einzelnen geht, sondern um die Gesamtbevölkerung der Industrieländer oder gar um die ganze Welt. Denn die Wanderung von Arbeitsplätzen – wie auch die von Kapital – ist nichts anderes als eine längst überfällige Anpassung. Jahrhundertelang sorgten Grenzen dafür, dass sich Märkte, abgeschottet voneinander, unterschiedlich entwickelten. Arbeit und Kapital waren unterschiedlich knapp, deshalb waren Löhne und Kapitalkosten verschieden hoch. Die Öffnung von Grenzen ermöglichte in den vergangenen 50 Jahren die Wanderung dieser Produktionsfaktoren, das wiederum veränderte die Knappheiten und damit die Preise für Arbeit und Kapital. Ein immenser Strukturwandel kam in Gang. Gleichzeitig konnten in einer sich öffnenden Welt die verschiedenen Regionen immer besser ihre jeweiligen Vorteile einbringen. Chancen für neue Beschäftigung taten sich auf – allerorts.

Software statt Schuften: Bangalore

Wie ein Strukturwandel im Ausland letztlich Arbeitsplätze im Inland sichern kann, zeigt das indische Bangalore: Bis zu Beginn der 90er Jahre war die Provinzhauptstadt noch geprägt von Textilwerken und Schwerindustrie. Dann erlebte Bangalore seinen großen Strukturwandel. Zunächst völlig unbemerkt entwickelte sich die Stadt zum größten Software-Zentrum Indiens, später, nach dem amerikanischen Silicon Valley, zum zweitgrößten der Welt. Bangalore profitierte von seinen niedrigen Stundenlöhnen – sie lagen bei rund einem Zehntel deutscher Löhne –, aber auch von den hoch qualifizierten und motivierten Arbeitskräften und den vielen Unternehmen, die sich dort ansiedelten. Für die Region eine reine Erfolgsgeschichte: Der Software-Nachwuchs fand Arbeit zu Löhnen, die für indische Maßstäbe hoch waren, und verhalf so einer Generation und ihren Familien zu einem besseren Leben. Heute ist Bangalore das Innovationszentrum Indiens und ein Impulsgeber für das ganze Land.

Zu den Nutznießern des indischen Know-hows zählt auch der Siemens-Konzern. 1995 eröffnete er sein »Siemens Software Center Bangalore«. Der Ableger ist nur eine von 400 Produktionsstätten im Ausland. Inzwischen beschäftigt der Konzern zwei Drittel seiner 400 000 Mitarbeiter außerhalb Deutschlands, fast 20 Prozent arbeiten in Schwellen- und Entwicklungsländern. Verwaltung, Entwicklung, Marketing und einige Produktionsstätten verblieben in Deutschland. Ohne das globale Geschäft, sagt Siemens-Chef Heinrich von Pierer, wäre das Unternehmen »eine traurige Veranstaltung«.

Dabei geht es nicht nur um die billige Herstellung: Die Auslandsproduktion erschließt neue Märkte, die sonst nicht zugänglich wären, oder sie geht dem Risiko starker Wechselkursschwankungen aus dem Weg. Zum Beispiel, wenn ein Konzern sich entscheidet, für nordamerikanische Märkte im Dollar-Raum zu produzieren, um dort die Preise seiner Produkte stabil zu halten. Mit der Abwanderung heimischer Arbeit muss das noch lange nichts zu tun haben. Beispiel Siemens: In der Region Asien/Pazifik etwa machte der Konzern 2002 rund 12 Prozent aller Umsätze, doch produziert wurden dort nur 7 Prozent seiner Produkte.[1] Oft umgeht die Verlagerung auch einfach Handelsbarrieren: So baut der BMW-Konzern seine Autos vor allem deshalb in Indonesien zusammen, weil der indonesische Zoll auf fertige Autos weit höher ist als der auf die Einzelteile, aus denen BMW vor Ort die Fahrzeuge fertigt. Die heimischen Mutterunternehmen profitieren in all diesen Fällen – sie gewinnen zusätzliche Märkte, die sie ansonsten nicht in diesem Umfang beliefern könnten. Damit stecken in einer Expansion viel mehr Chancen als Risiken – auch für die heimischen Arbeitsplätze. Jedes Versäumnis bei der Erschließung neuer Auslandsmärkte dagegen würde von der Konkurrenz hart bestraft, und es würde Weltmarktanteile und Arbeitsplätze kosten – letztlich auch im Inland.

Globalisierung der Knappheiten

Arbeit, Kapital und Wissen, die drei entscheidenden Produktionsfaktoren, sind weltweit ungleich verteilt, und damit auch unterschiedlich teuer. Weil in Ländern wie Indien, Brasilien oder Nigeria einfache Arbeitskräfte sehr reichlich vorhanden sind, liegen die Löhne entsprechend niedrig. Gleichzeitig sind Entwicklungsländer mit Kapital, also Maschinen und Infrastruktur, meist nur sehr schlecht ausgestattet. Die Hersteller arbeitsintensiver Produkte bringen deshalb Maschinen an Standorte mit niedrigen Lohnkosten, bauen dort Werke auf, exportieren also Kapital. Im Gegenzug importieren sie die günstigeren Produkte. Zu niedrigen Löhnen stellen sie her, was sie in Europa nur mit höheren Kosten hätten produzieren können: Denn entweder hätten sie hohe Löhne in Kauf nehmen oder immer neue Maschinen anschaffen müssen, um die hohen Arbeitskosten zu umgehen. Auch eine solche Rationalisierung hätte die Arbeitsplätze gekostet, die nun in Entwicklungsländer abwandern. Für die Gewerkschafter in Seattle oder Florenz freilich ein schwacher Trost. Denn es sind vor allem arbeitsintensive Branchen, die aus den Industrieländern abwandern. Also solche Zweige, in denen eine große Zahl von Arbeitnehmern betroffen ist, wo jede Krise den Verlust vieler Tausend Arbeitsplätze bedeutet. Oft gelingt es den Beschäftigten und Gewerkschaften, diese Entwicklung aufzuhalten. Mit Streiks, Demonstrationen und Lobbyarbeit machen sie ihren politischen Einfluss geltend, am besten noch unmittelbar vor Wahlen. Dann sind Politiker besonders entgegenkommend: Sie setzen sich für den Erhalt abwanderungsbedrohter Branchen ein, versprechen Subventionen, verhindern den Strukturwandel. Um von einer Gruppe Schaden abzuwenden, setzen sie einen Schaden für die gesamte Volkswirtschaft durch – kein sehr guter Tausch.

Lehrstück des Protektionismus: der US-Stahlzoll

In den USA standen Kongresswahlen bevor, als Präsident George W. Bush im März 2002 entschied, die Stahlzölle anzuheben. Stimmen versprachen sich die regierenden Republikaner vor allem in jenen Bundesstaaten, in denen die vergleichsweise kleinen US-Stahlhütten angesiedelt waren. Nur sehr zögerlich schließen sie sich zu größeren Konzernen zusammen, während preiswerte Stahlimporte aus Korea oder China ihnen Marktanteile streitig machen. Washington handelte: Mit Zöllen auf Stahlimporte verteuerte man künstlich die ausländische Konkurrenz, die dadurch wieder Marktanteile an US-Hütten abgeben sollte. Nun, so priesen die amerikanischen Stahlhütten, seien auch die Arbeitsplätze vorerst wieder sicher.

Politisch mag sich dieser Schritt für die Regierung in Form von Wählerstimmen ausgezahlt haben. Wirtschaftlich sicher nicht: Schon kurz nach der Erhöhung der Zölle klagten Stahl verarbeitende Unternehmen über gestiegene Rohstoffpreise. Der verteuerte Stahl erhöhte auch die Herstellungskosten für Maschinen, Kühlschränke, Automobile, Schiffe, Flugzeuge; indirekt auch den Preis für den Transport. Ein Schritt, der in der einen Branche Arbeitsplätze sichern sollte, kostete sie in anderen: Autohersteller, die sich nun höheren Kosten gegenübersahen, sparten an anderer Stelle, denn in dem hart umkämpften Markt konnten sie Preiserhöhungen nicht durchsetzen. Also mussten auch Personalkosten sinken. Bei näherer Betrachtung ist der vermeintliche Nutzen des »Außenschutzes« schnell dahin. Zwar können die Stahlhütten – theoretisch – zunächst weitermachen wie gehabt: Der höhere Marktpreis für Stahl sichert das Überleben der bestehenden Strukturen und Arbeitsplätze. Wollen die Unternehmen allerdings höhere Gewinne machen, wird sie auch der Zoll nicht vom Strukturwandel bewahren. Sie werden Partner suchen, mit denen sie größere Einheiten bilden können, und die Stahlerzeugung rationalisieren, um Kosten zu senken. Dieser Wandel steht nun zwar nicht mehr unmittelbar bevor, doch er wird mittelfristig stattfinden – und Arbeitsplätze kosten. In der Zwischenzeit wird amerikanischer Stahl auf dem Weltmarkt teurer, während andernorts die Preise fallen. Denn in dem Maße, wie der amerikanische Markt durch Schutzzölle vor ausländischem Stahl geschützt wird, steigt das Stahlangebot auf anderen Märkten. In diesen Ländern profitieren indirekt die Stahl verarbeitenden Branchen, ihre nun billigeren Produkte senken die Weltmarktpreise. Die Wettbewerbsposition von US-Unternehmen auf Auslandsmärkten verschlechtert sich – doch nicht allein dadurch. Denn als Reaktion auf die Stahlzölle werden Handelspartner so genannte »Vergeltungszölle« einführen, Zölle auf solche Produkte, die für den amerikanischen Export besonders wichtig sind. So, wie der Stahl ein wichtiges Exportgut für China oder Korea ist, sind es Computer, Maschinen, Nahrungsmittel oder Autos für die Vereinigten Staaten. Um die eigene Stahlindustrie zu schützen, riskiert Washington so den Erfolg vieler anderer Wirtschaftszweige. Wieder müssen Unternehmen die Kosten senken, wieder sind Arbeitsplätze gefährdet. Damit nicht genug, ruft Vergeltung meist nach neuer Vergeltung – eine Zoll-Spirale, die die Vorzüge des Freihandels schrittweise zunichte macht. Bleiben noch die US-Konsumenten. Sie zahlen über höhere Preise indirekt den Zoll mit. Höhere Preise wiederum bedeuten, dass der Lohn der Bürger heimlich schrumpft – für das gleiche Geld können sie nun weniger kaufen.

Das ist die Schattenseite des Protektionismus, mit dem Regierungen bestimmte Gruppen vor vermeintlichen Globalisierungsfolgen schützen wollen. Sie erreichen das Gegenteil. Wer den freien Welthandel nachträglich einschränkt, vernichtet Arbeitsplätze im eigenen Land: an anderer Stelle. In diesem komplexen System gegenseitiger Handelsbeziehungen zieht jede Begrenzung eine andere nach sich. Doch die Berücksichtigung gesamtwirtschaftlicher Effekte zählt nicht zu den Stärken der Politik. Der kurzsichtige Protektionismus ist populär – und zynisch. Immer werden andere Arbeitnehmer die Folgen tragen. Aber das geschieht meist unsichtbar.

Fehlen einem Land die Voraussetzungen, bestimmte Güter zu Weltmarktpreisen herzustellen, lässt sich das auch durch einen Zoll nicht wettmachen. Ist die Stahlproduktion andernorts lohnend, weil dort ein erzreiches Gestein vorkommt, die Lagerstätten sich leicht erschließen lassen und die Arbeitslöhne niedrig sind, ist der Stahl zwangsläufig billig und drückt den Weltmarktpreis. Braucht die Welt mehr Stahl, als dieses Land herstellen kann, steigt der Weltmarktpreis, und auch andere Hersteller haben eine Chance. Die Kombination aus Knappheit, Förderbedingungen und -kosten bestimmt die Marktposition der Hersteller, und sie entscheidet auch über die Sicherheit der Arbeitsplätze. Vielleicht ist die Herstellung von Stahl keine Stärke der USA. Dafür liegen die US-Vorteile in anderen Sparten, zum Beispiel in der Weiterverarbeitung des Stahls im Maschinenbau. Dies erfordert qualifizierte Arbeitskräfte, Forschung, gute Arbeitsbedingungen, Know-how – Faktoren, die möglicherweise in den USA reichlicher vorhanden sind als in den Ländern, die Erz fördern und verhütten.

Die diffuse Angst vor Importen

Wenn aber der Wettbewerb zu hart wird, sind Hersteller und Gewerkschaften schnell mit harschen Urteilen bei der Hand: Die Konkurrenz gehe mit Dumpingpreisen an den Markt, betreibe einen unfairen Wettbewerb, weil sie die »hohen Standards« im Inland nicht einhalten muss. Amerikanische Waldbesitzer schimpfen so über kanadische, europäische Werften über koreanische, deutsche Bauarbeiter über polnische. Was sich mit Zöllen nicht regeln lässt, können notfalls neue Standards und Normen erledigen: Dann sorgen so genannte »Entsendegesetze« dafür, dass ausländische Arbeiter im Inland nicht zu niedrigen Löhnen arbeiten dürfen, oder es wird plötzlich Form und Farbe von Traktorensitzen minutiös geregelt, um der überseeischen Konkurrenz das Leben schwer zu machen. Bis heute haben deutsche Kraftwerksbauer auf dem amerikanischen Markt kaum Chancen, weil jedes technische Detail den US-Normen entsprechen muss, die in der Regel von europäischen Vorschriften abweichen. Während in Deutschland allein das Deutsche Institut für Normung die Standards festlegt, sind jenseits des Atlantiks rund 600 Verbände und Berufsorganisationen dafür zuständig – und die haben an einem internationalen Wettbewerb um US-Aufträge nur mäßiges Interesse. Ein Wettlauf um die besten Technologien ist damit unmöglich.

Arbeit versus Wissen

1970, Deutschland galt noch als Industriegesellschaft, war das Studium eine Sache für wenige. Nur jeder neunte Schulabgänger wechselte aus der Schule an die Universität. 30 Jahre später hat sich dies grundlegend verändert. Inzwischen beginnt jeder dritte Schulabgänger ein Studium. Auch das ist Strukturwandel. Während die Entwicklungs- und Schwellenländer Vorteile aus dem Reichtum an gering qualifizierten Arbeitskräften ziehen, sind es in Industrieländern mittlerweile die vielen gut ausgebildeten Fachkräfte, die den Platz dieser Länder in der globalen Ökonomie bestimmen. Und so, wie die große Zahl günstiger Arbeitskräfte in den Entwicklungsländern Produktionen aus den Industrieländern fortlockt, prosperieren in der entwickelten Welt Dienstleistungen, die Fachwissen und eine gute Ausbildung voraussetzen. Während die reale Wertschöpfung in Branchen mit niedrigem Ausbildungsniveau in Deutschland zwischen 1980 und 1995 um 9 Prozent wuchs, legte sie in Branchen mit hohem Ausbildungsniveau um 60 Prozent zu. Die Beschäftigung folgte dieser Entwicklung: Wissensintensive Unternehmen vergrößerten ihre Beschäftigungszahlen im gleichen Zeitraum um 20 Prozent, während Betriebe mit niedriger Humankapitalausstattung verstärkt rationalisierten und 19 Prozent ihrer Belegschaft abbauten.[2] Ausgerechnet jene hoch industrialisierten OECD-Länder, in denen die Globalisierung angeblich seit langem die Arbeitsplätze bedrohte, schufen zwischen 1985 und 1998 rund 50 Millionen neue Arbeitsplätze – nicht nur im Dienstleistungssektor. Gleichzeitig stiegen die Reallöhne in diesen Ländern: In 11 der 28 OECD-Staaten legten sie zwischen 10 und 20 Prozent zu.[3]

Wandel durch Handel

Globalisierung und Strukturwandel – keine ganz neue Verbindung. Im Kern stecken hinter jedem Strukturwandel, den die Industrieländer seit der Entdeckung Amerikas erlebten, internationaler Handel und technischer Fortschritt, also letztlich auch immer eine Art Globalisierung. Als im frühen 19. Jahrhundert Textilfabriken in England entstanden, bedrohten sie die Konkurrenz in Deutschland. Die hatte sich aus der Tradition der Heimarbeit und der Manufakturen noch nicht so weit gelöst, dass sie mit den niedrigen Preisen der englischen Konkurrenz hätte mithalten können. Allerdings demonstriert das Beispiel auch die Schattenseite des Wandels: 1844 erhielten Weber in Schlesien nur noch ein Drittel ihres Lohnes von 1830. Der schlesische Weberaufstand im Juni 1844, der Sturm auf die Fabrikanten-Villen, entzündete sich aus Protest gegen diese Form der Ausbeuterei. Den Strukturwandel konnten die aufgebrachten Weber jedoch nicht verhindern. Heute ist die Textilindustrie hier zu Lande nur noch von marginaler Bedeutung. Und dennoch: In den einstigen Weberei-Zentren Deutschlands entstanden durch die industrielle Revolution schon bald neue Arbeitsplätze: Im Maschinen- und Fahrzeugbau, in der Chemie- und Papierindustrie sowie in der Energieerzeugung. Wandel ist eben nicht, wie so oft propagiert wird, gleich Verlust. Er ist immer auch eine Herausforderung, sich in einer veränderten Welt zurechtzufinden. Nicht die Globalisierung tritt diesen Wandel los – Fortschritt gibt es auch in abgeschotteten Märkten. Weil aber ohne internationalen Wettbewerb der äußere Druck zur Innovation fehlt, verläuft der Wandel ohne Handel wesentlich langsamer. Die Globalisierung verleiht ihm eine Dynamik, die es so noch nie gegeben hat.

Oft ist es die Rasanz gesellschaftlicher Veränderungen, die Kritik an der Globalisierung weckt: Längst vorbei sind die Zeiten, in denen Arbeitgeber und Arbeitnehmer einen festen Bund von der Ausbildung bis zum Ruhestand eingingen. Auch das Arbeitswissen reicht nicht mehr für ein ganzes Leben: Immer kürzere Zyklen des technischen Fortschritts verlangen von den Arbeitnehmern permanente Anpassung an neue Techniken und Prozesse. Zugleich fordern neue Ungleichgewichte die Sozialverfassung heraus. Mit dem zunehmenden Wettbewerb in arbeitsintensiven Branchen fällt weltweit der Arbeiterlohn. Gleichzeitig wächst die Entlohnung für Wissen, für das so genannte Humankapital, das auch in der globalisierten Welt ein knappes Gut bleibt. Damit vergrößert sich in den Industrieländern der Unterschied zwischen den Einkünften: Während niedrig qualifizierte Arbeitskräfte angesichts des internationalen Wettbewerbs schlechter entlohnt werden, steigt der Lohn des Humankapitals. Schon lange entwickelt sich das Gehalt für »Kopfarbeit« wesentlich dynamischer als das für einfache Arbeit. Das bedeutet aber auch: Die Profiteure dieser Entwicklung müssen mit ihrer »Globalisierungsrente«, also dem Gewinn, den sie allein aus der weltweiten Wissensknappheit ziehen, die Sozialkassen füttern.

In Deutschland ist die Kluft zwischen den verschiedenen Einkommensgruppen derzeit noch relativ gering. Tarifverträge verhindern, dass sich die Arbeitslöhne dem weltweiten Niveau anpassen. Eigentlich soll dies den Arbeitern nutzen, doch die Tarifverträge sind ein Fluch zugleich: Sie sichern ein hohes Lohnniveau auch für solche Tätigkeiten, die sich in der globalisierten Welt leicht andernorts verrichten lassen. Für die Arbeitgeber wächst die Motivation zum Standortwechsel. Zwar wäre es völlig unsinnig, deutsche Löhne auf das jeweilige weltweite Niveau zu senken. Arbeitsentgelte von 5 und 50 Euro je Stunde stünden dann im Inland nebeneinander und torpedierten den sozialen Frieden. Doch gerade in Krisenzeiten, in denen sich Unternehmer noch am ehesten mit Abwanderungsgedanken tragen, könnten flexiblere Löhne den Verlust von Arbeitsplätzen verhindern.

Wohlstand ohne Grenzen

»38 Zoll- und Mautlinien in Deutschland«, so schrieb der Ökonom Friedrich List im April 1819, »bringen ungefähr dieselbe Wirkung hervor, wie wenn jedes Glied des menschlichen Körpers unterbunden wird, damit das Blut ja nicht in ein anderes überfließe.«[4] Großherzogtümer, Kurfürstentümer und Königreiche, 38 an der Zahl und jedes mit eigenen Zöllen: Für Deutschlands Entwicklung im frühen 19. Jahrhundert waren sie Gift. Unter der Federführung Lists einigten sich die deutschen Bundesstaaten in der Folge auf den Zollverein von 1834, dem nach und nach alle Territorien beitraten. Auch damals mussten Handwerker, Arbeiter und Bauern die Konkurrenz aus anderen Regionen fürchten, auch damals machten die beteiligten Staaten einen mutigen Schritt in den Wettbewerb mit anderen Regionen. »Ich bin innig überzeugt«, schrieb List später, »dass die Menschheit den höchsten Gipfel des physischen Wohlbefindens, gleichwie der geistigen Vervollkommnung, nur dadurch zu erreichen vermag, wenn auf der ganzen Oberfläche der Erde zivilisierte Völker der Natur ihre Schätze abgewinnen und den Überfluss ihrer Erzeugnisse im freien Verkehr gegenseitig austauschen.«[5]

List hatte die einfache Logik des Güteraustausches formuliert: Die Staaten konnten ausführen, was im Überfluss vorhanden war, und im Gegenzug einkaufen, was im eigenen Land knapp war. Der verschärfte Wettbewerb trieb den Fortschritt an, gleichzeitig fielen die Preise. Einstige regionale Monopole und Oligopole verschwanden, weil plötzlich auch »ausländische« Anbieter auf den Markt durften. Weil Monopole per se einen Hang zur Ineffizienz haben – die Abwesenheit von Wettbewerb macht kostspielige Effizienzsteigerungen nicht nötig –, war das Ende eines jeden Monopols zunächst auch mit großen Arbeitsplatzverlusten verbunden. Im Gegenzug kamen aber neue Wettbewerber auf den Markt, die neue Arbeitsplätze schufen.

Diese Rechnung geht im globalen Maßstab genauso auf wie im regionalen. In offenen Märkten ist die Globalisierung der Feind von

Monopolen und Oligopolen. Sie erlaubt den Wettbewerb in Gebieten, die bisher noch wenige regionale Anbieter für sich beanspruchten. Dadurch entstehen neue Arbeitsplätze und im Wettbewerb fallen die Preise. Das reale Einkommen steigt, es bleibt mehr Geld für anderen Konsum. Beispiel Lebensmittel: Der Anteil der Ernährung an den Haushaltsausgaben ist in den vergangenen 50 Jahren von 43 Prozent auf nunmehr rund 12 Prozent gefallen. Während die Einkommen in diesem Zeitraum stiegen, fielen die realen Preise für landwirtschaftliche Erzeugnisse. Der strengere internationale Wettbewerb zwang die Hersteller zu einer ständig wachsenden Produktivität, vor allem in der Landwirtschaft kam es zu einem radikalen Strukturwandel. Diese Reallohn-Zuwächse machten auch die Arbeitszeitverkürzungen des 20. Jahrhunderts erst möglich. Um die Versorgung der eigenen Familie zu gewährleisten, war nun weniger Arbeitszeit nötig. Allein in den letzten 40 Jahren sank das Arbeitsvolumen um über 22 Prozent – während Löhne und Bruttoinlandsprodukt weiter wuchsen.

Dienstleistungen: Unbegrenzt neue Arbeit

Die Menschen können sich insgesamt mehr leisten – mittelbar auch des freien Welthandels wegen. Zusätzliche Nachfrage freilich motiviert zu zusätzlichem Angebot, und das schafft zusätzliche Arbeitsplätze. Wieder steckt die Arbeitsteilung dahinter, diesmal aber auf einer anderen Ebene: Warum zu Fuß gehen, wenn eine leere Fahrrad-Rikscha vorüberfährt? Warum Hemden bügeln, wenn andere das schneller können und sich deren Bezahlung in der Zwischenzeit durch eine andere Tätigkeit leicht verdienen lässt? Oder, noch überspitzter: Warum ein Architekturstudium abschließen, um ein Haus zu entwerfen – wenn es genug Architekten gibt, die es schneller können? Der Wandel hin zu hoch spezialisierten Dienstleistungsgesellschaften ist Kennzeichen der so genannten Industrieländer. Dienste leisten Menschen, die dafür Geld bekommen: Arbeitnehmer. Während die Gesamtbeschäftigung in der alten Bundesrepublik von 1970 bis 1996 nur um 6 Prozent wuchs, legte die Beschäftigung im Dienstleistungssektor um 56 Prozent zu. Dort arbeiten mittlerweile rund 75 Prozent aller Arbeitskräfte, noch nicht eingerechnet jene Beschäftigten im produzierenden Gewerbe, deren Tätigkeit Dienstleistungscharakter hat – auf rund 40 Prozent wird deren Anteil mittlerweile geschätzt.[6]

Die neue Angstformel: Gats

Bislang waren die Dienstleistungen meist Sache regionaler Anbieter. Der internationale Wettbewerb, einmal abgesehen vom Export technischen Know-hows, spielte keine große Rolle. Das könnte sich bald ändern: Die WTO will den Dienstleistungshandel weiter liberalisieren. Die Angst vor neuen Arbeitsplatzverlusten wächst. Was, wenn deutsche Schulen künftig von einem amerikanischen Unternehmen geführt würden? Riesige internationale Konzerne plötzlich die kommunale Wasserversorgung übernehmen, Krankenhäuser, den öffentlichen Nahverkehr, Kultureinrichtungen? Wenn Software-Experten nicht mehr aus dem fernen Indien ihre Dienste anbieten, sondern gleich vor Ort? Umso größer ist nun der Protest. Das General Agreement on Trade in Services (Gats), so wollen es die WTO-Länder, soll künftig als zweite Säule des Welthandels neben dem Gatt-Abkommen stehen (General Agreement on Tariffs in Trade), das die schrittweise Verminderung der Zölle auf Güter regelt.

Bis 1994 waren Dienstleistungen bei der Welthandelsorganisation außen vor, allein den Güterhandel wollten die Länder zunächst erleichtern. Doch die Unterscheidung in Güter und Dienstleistungen war nie ganz plausibel, denn genau genommen sind Güter ohne Dienstleistung nicht denkbar: Ein exportiertes Auto etwa besteht aus Tausenden Einzelteilen. Zum viel größeren Teil aber steckt darin die Arbeitsleistung derer, die diese Einzelteile herstellen, und derjenigen, die sie schließlich montieren. Letztlich ist der Export von Gütern immer der Export von Arbeit. Im Falle der Dienstleistungen ist diese Arbeitsleistung noch klarer zu erkennen – eine Person leistet Dienste. Das erklärt auch den heftigen Widerstand vieler Gats-Gegner. Die Arbeit kommt künftig nicht mehr nur versteckt in einem anonymen Produkt daher, sondern leibhaftig.

Die Phalanx aus Globalisierungskritikern und Gewerkschaftern fürchtet einen neuen Dammbruch. Der ungehinderte Wettbewerb bei Dienstleistungen, so erwarten die Gewerkschaften, könnte abermals Arbeitsplätze kosten. Arbeitskräfte mit niedrigeren Löhnen könnten befristet nach Deutschland kommen und hiesige Dienstleister ausstechen. In Bereichen wie der Wasserversorgung, die bislang meist unter staatlicher Kontrolle standen, könnten private Monopole die einstigen öffentlichen ablösen, fürchten die Gegner. Was allerdings keineswegs schlechter sein muss.

Zweifellos wird das Gats-Abkommen zu einem härteren Wettbewerb, zu größerer Arbeitsplatzunsicherheit und möglicherweise auch zu fallenden Löhnen führen. Dass es aber Arbeitsplätze kosten wird, ist unwahrscheinlich. Denn im Wesentlichen geschieht nichts anderes als bei der Liberalisierung des Güterhandels – nur ist der Effekt auf den Einzelnen noch sichtbarer: Angenommen, ein amerikanischer Architekt oder ein chinesischer Software-Ingenieur kommen nach Deutschland, um hier ein Projekt zu betreuen. Dann hat man sie vermutlich engagiert, weil sie günstiger oder besser arbeiten. Das lässt den Auftraggebern mehr Geld für andere Investitionen, vor allem aber setzt es die heimischen Konkurrenten unter Druck – diese müssen besser und billiger werden, und sie werden sich ohne Zweifel als Verlierer des neuen Abkommens sehen. Zugleich aber bietet sich auch heimischen Dienstleistern die Chance, andernorts ihre Dienste anzubieten und so neue Einnahmequellen aufzuspüren. Die befristete Entsendung ausländischer Arbeitskräfte, so schreibt der Bundesverband deutscher Banken in einer Stellungnahme zum Gats-Abkommen, müsse schon alleine deshalb erlaubt sein, damit deutsche Bankexperten im Ausland tätig werden können. Womit der Verband ziemlich genau das Gegenteil dessen fordert, was die Gewerkschaften wollen.

Jede Branche, die schon jetzt eine hohe Effizienz erreicht hat, muss sich vor dem neuen Wettbewerb nicht fürchten. Der große Widerstand gegen das Abkommen im öffentlichen Dienst lässt vermuten, dass hier – abgesehen von der Angst, die eigenen Subventionen mit anderen teilen zu müssen – noch der eine oder andere Spielraum für mehr Wirtschaftlichkeit bleibt. Letztlich ist das im Sinne der Steuerzahler und der Verbraucher. Aber auch hier speist sich der breite Protest der Beschäftigten allein aus der Angst vor den vordergründigen Konsequenzen: dem möglichen Verlust bestehender Arbeitsplätze. Spätere Effekte bleiben unbeachtet. Zum Beispiel, dass die enorm gewachsenen Kosten des Gesundheitswesens im Wettbewerb fallen könnten – und niedrigere Kosten auch eine geringere Belastung für jeden Einzelnen bedeuten. Dass eine geringere Belastung einen gesteigerten Konsum ermöglicht. Und dass so wieder neue Arbeitsplätze entstehen können.

Zwar ist Vorsicht beim WTO-Dienstleistungsabkommen angebracht. Die Staaten dürfen sich mit dem Vertrag nicht das Recht nehmen lassen, die Daseinsvorsorge für ihre Bürger verbindlich zu regeln – damit in den Bereichen, die nur mit öffentlichen Zuschüssen funktionieren, nicht Leistungen gestrichen werden, auf die die Gesellschaft nicht verzichten will. Wasserver- und -entsorgung, Müllabfuhr, Theater und Universitäten können, wenn überhaupt, nur bedingt im Wettbewerb bestehen. Nötig sind allgemeine Regeln für deren Betrieb, damit die Liberalisierung nicht zum Abbau wesentlicher Leistungen führt. Doch der wachsende Wettbewerb bei Dienstleistungen wird, ähnlich wie die Liberalisierung des Güterhandels, zu einem wachsenden Angebot bei sinkenden Preisen führen. Und damit letztlich auch zu neuen Jobs.

Die Arbeit wird nicht ausgehen

Deutschland 2050. Die letzten industriellen Arbeitsplätze drohen weg-
zufallen. Die Konkurrenz aus China zwingt deutsche Maschinenbauer
und Automobilkonzerne zur weiteren Kostensenkung. Die Verlagerung
der letzten Produktionsstätten ist unumgänglich. Als neue Standorte
kommen nur noch Billiglohnländer Asiens oder Afrikas in Frage, selbst
die Standorte im Osten Europas sind mittlerweile zu teuer. In Deutschland bleibt allein der schlanke Überbau der Unternehmen: Management, Marketing, Forschung und Entwicklung. Während industrielle
Fertigungen abwandern, wächst der Dienstleistungssektor weiter: Das
Land bietet Bank- und Versicherungsdienstleistungen in aller Welt, es
organisiert Produktionen, anstatt sie aufzubauen. Wissenschaftler tüf-
teln an den Innovationen von morgen.

Solche Deindustrialisierungs-Szenarien schwirren in den Köpfen jener, die in der Globalisierung eine Jobvernichtungs-Maschinerie sehen.
Zwar zwingt der freie Welthandel die Industrieunternehmen zur Rationalisierung – aber auch zu immer neuem Fortschritt. Dies treibt die In-
novationsfreude an und trägt die nächsten Wachstumszyklen in sich,
neue Arbeitsplätze inklusive. Sicher ist: Die Arbeit wird der entwickelten Welt nicht ausgehen, sie sieht nur anders aus. Der Wettbewerb im
wachsenden Dienstleistungssektor wird zu einer Erosion bislang üb-
licher Anstellungsverhältnisse führen. Honorardienstleistungen, freie
Tätigkeiten, das Nebeneinander verschiedener Arbeitgeber kennzeich-
nen die Beschäftigungswelt von morgen. Die Sozialsysteme werden sich
noch stärker auf Änderungen einstellen müssen, die nicht zuletzt der
Globalisierungsprozess ihnen abverlangt. Letzterer wird den Strukturwandel weiter antreiben und es wird viele geben, die damit nicht gut leben können. Aber dieser Prozess hilft eben auch, im Wettbewerb der
Systeme und Ideen bessere Strukturen zu finden. Davon können langfristig alle profitieren.

Die Qualifizierungsoffensive

Der weltweite Güteraustausch wird per Saldo den Wohlstand steigern, doch einige werden einen hohen Preis dafür zahlen. Gering Qualifizierte zu integrieren und ihre Lasten zu mindern wird im Zweifel Aufgabe der Gesellschaft sein. Die Herausforderung, den Wandel anzunehmen, liegt jedoch auch bei den Betroffenen selbst: Eigeninitiative wird im globalen Wettbewerb immer wichtiger sein. Die immer neue Qualifizierung von Arbeitnehmern wird zum wichtigsten Schutz vor Arbeitslosigkeit. Hier kann die Politik Impulse setzen: durch »Qualifizierungsoffensiven«, die Beschäftigten und Arbeitslosen die Chance geben, sich systematisch auf den neuen Wettbewerb einzustellen.

Jedoch: Eine Entwicklung, die letztlich allen nutzt, benachteiligten Gruppen zuliebe aufzuhalten, wäre verhängnisvoll. Dies wird mehr Arbeitsplätze vernichten, als die Globalisierung jemals kosten kann. Schon jetzt importieren die Entwicklungs- und Schwellenländer per saldo mehr, als sie ausführen – und sichern so Arbeitsplätze in der entwickelten Welt. Wieder stellt sich die Frage, ob es überhaupt eine Alternative zum Globalisierungsprozess geben kann: Der technische Fortschritt, die Überwindung der Dimension »Zeit« durch die weltweit vernetzte Kommunikation, die Fähigkeit, Güter und Dienstleistungen an den letzten Winkel der Welt zu schaffen, dies alles lässt sich nicht mehr rückgängig machen. Nicht die Globalisierung vernichtet Arbeitsplätze – sondern der Versuch, sich ihr zu entziehen.

Irrtum Nr. 5:
Verbraucherschutz und Arbeitnehmerrechte bleiben am Weltmarkt auf der Strecke

Es war ein traumatisches Globalisierungserlebnis, das die Deutschen am 12. März 1987 verdauen mussten. Unbeeindruckt von beherzten Protesten hob der Europäische Gerichtshof das Reinheitsgebot für Bier auf – der öffentliche Aufruhr war immens. Die Globalisierung hieß damals noch nicht Globalisierung, der Gerichtshof entschied im Interesse des europäischen Binnenmarktes. Und dennoch war seine Entscheidung Symbol für vieles, das noch folgen sollte im Namen des internationalen Handels. Das Reinheitsgebot, so entschieden die Richter, nehme ausländischen Brauereien die Chance, auf dem deutschen Markt zu konkurrieren. Wer immer sein Bier auch hier zu Lande anbieten wollte, hatte zunächst seine Rezeptur überprüfen müssen: Seit 1516 durfte außer Gerstenmalz, Hopfen, Hefe und Wasser nichts im Bier enthalten sein. Bis 1987.

Aus der Sicht vieler Biertrinker eine völlig unverständliche Entscheidung. Dem Handel zuliebe hob Europa einen über Jahrhunderte bewährten Standard auf. Die Konsumenten reagierten entsprechend: Sie achteten fortan beim Kauf auf den Hinweis »Gebraut nach dem deutschen Reinheitsgebot«, der sich seither auf Etiketten findet. Und so hat sich – Gerichtshof hin oder her – herzlich wenig geändert: Die Verbraucher hielten an ihren Gewohnheiten fest. Ausländische Biere haben einen Marktanteil von gerade einmal 2,5 Prozent, und meist entsprechen sie dem Reinheitsgebot. Gewachsen ist nur die Chance, auch mit anderen Sorten auf dem deutschen Markt zu konkurrieren.

Strenge Standards, so sehen es viele Kritiker, sind die Opfer der Globalisierung. Entweder gibt man sie auf – wie viele Qualitätsstandards im

Zuge internationaler Übereinkommen – weil man ihnen nachsagt, sie behinderten den Wettbewerb. Oder sie fallen dem weltweiten Standortwettbewerb zum Opfer. Weil Länder mit niedrigen Umwelt- oder Sozialstandards oft für ausländische Direktinvestitionen attraktiver sind als »überregulierte« Hochlohnländer, so klagen die Globalisierungsgegner, steuere die Welt nun kontinuierlich die kleinsten gemeinsamen Nenner an. Lasche Umweltschutzvorschriften, ungebremste Ausbeutung von Arbeitnehmern, Verbraucherschutz, der den Namen nicht wert ist – so sehen Kritiker die Folgen des internationalen Standortwettbewerbs.

Die Wirklichkeit freilich ist eine andere. Denn oftmals erlaubt gerade die Globalisierung höhere Sozial- und Umweltstandards, als viele Staaten sie bis dato gekannt haben. Unternehmen, die Produktionen verlagern, werden zu Exporteuren besserer Bedingungen, eine international stetig wachsende Vernetzung sorgt für eine schnellere Aufdeckung von Missständen. Produktnormen wiederum werden allzu häufig zur Protektion von Märkten missbraucht. Oft bevormunden sie Verbraucher, die sich im Zweifel ganz von selbst für das bessere Produkt entscheiden können. Doch wer entscheidet denn eigentlich, welche Normen gut sind oder schlecht? Wie verträgt sich das mit dem Wettbewerb? Welche Rolle spielt die Globalisierung?

Welche Regeln sind sinnvoll?

Wettbewerb braucht Regeln, darin ist sich alle Welt einig. Welche Regeln aber sinnvoll sind, darüber gehen die Meinungen weit auseinander. Die Bierbrauer denken an das Reinheitsgebot, Gewerkschafter an Tarifverträge, Unternehmer an Eigentumsrechte, Verbraucherschützer an die Beschaffenheit und Qualität von Produkten, Globalisierungsgegner an die Beschränkung der Mächtigen. In einer Demokratie ist es zunächst einmal Aufgabe der Gesellschaft, Regeln für das Zusammenleben zu definieren. Ob sie sich auf ein Solidarsystem einigt, in dem der Stärkere den Schwächeren stützt, entscheidet die Gesellschaft selbst. Auch die Frage, ob der Staat die Produktqualität kontrollieren soll, etwa bei Nahrungsmitteln, liegt im Ermessen der Gesellschaft. In welchem Kontext sie wirtschaftet, ob in einem offenen, weltweiten Rahmen oder nur für den eigenen Bedarf, ebenfalls.

Sobald aber mehrere Staaten miteinander in Handel treten, wird die Sache diffiziler: Dann treffen plötzlich unterschiedliche Auffassungen darüber aufeinander, wie Güter beschaffen sein sollen, wie und unter welchen Bedingungen sie hergestellt werden. Die Staaten müssen sich auf einheitliche Normen verständigen, wollen sie den Wettbewerb nicht unnötig behindern. Bisherige Vorschriften, Normen und Anforderungen der Einzelstaaten kommen auf den Prüfstand. Gehen die Staaten ein Handelsbündnis ein, liegt das Urteil über die Normen bei allen beteiligten Staaten gemeinsam, nicht mehr nur bei der einzelnen Gesellschaft – die sich ja zuvor für den verstärkten Handel entschieden hatte. Jede neue Entscheidung kann mit früheren Entscheidungen in Konflikt treten und sie zur Disposition stellen. Sie kollidierte mit Gewohntem, verlangt Modifikationen – auch bei den Schutzvorschriften, den Standards.

Wer auf Reisen jemals versucht hat, ein elektrisches Gerät in Betrieb zu nehmen, kennt das Problem: Stecker und Steckdose wollen nicht zueinander passen. Wer sein Mobiltelefon in Nordamerika benutzen will, muss feststellen, dass es nicht funktioniert, denn der technische Standard ist ein anderer. Bahngleise haben in verschiedenen Ländern verschiedene Spurweiten und behindern so den grenzüberschreitenden Verkehr – und die Konkurrenz durch ausländische Bahnbetreiber. Oft haben unterschiedliche Standards eine lange Tradition und lassen sich nicht ohne weiteres ändern. Häufig sind sie das Trennende in einer Welt, die immer dichter zusammenrückt.

Doch eine Allianz aus Herstellern, Verbraucherschützern und Nostalgikern steht der einheitlichen Normierung im Wege. Mehr noch: Interessenverbände fordern immer neue Ausnahmeregelungen, die sie vor unangenehmer Konkurrenz schützen. Ihr Kalkül ist klar: Je umfassender die nationalen Regeln für ein Produkt sind, desto kostspieliger wird es für ausländische Anbieter, den fremden Markt zu erobern. Jede neue Norm macht die Produktion ein Stück weit aufwändiger. Und irgendwie lassen sich neue, höhere Standards immer rechtfertigen: Sie gewährleisteten angeblich sicherere, gesündere, hochwertigere Produkte im Unterschied zu den »billigen Importen« aus Fernost oder sonst woher, die zwar preiswerter, aber eben auch »schlechter« seien. Selbst eine des Protektionismus eher unverdächtige Branche wie der ökologische Landbau streitet für höhere Anforderungen an das deutsche Biosiegel: Seit es sich an den europäischen Maßstäben ausrichtet, hat die Bio-Konkurrenz aus anderen EU-Ländern zugenommen. Sehr zum Leidwesen der deutschen Anbieter, die mit strengeren Vorschriften ihre vergleichsweise hohen Preise beibehalten wollten. Natürlich der Gesundheit der Verbraucher zuliebe.

Die Angst vor dem Verlust heimischer Arbeitsplätze spielt meist die entscheidende Rolle. Werde der Markt nicht vor den günstiger produzierten, angeblich schlechten Importen geschützt, drohten der Verlust oder die Abwanderung vieler tausend Arbeitsplätze, argumentieren die Verfechter hoher Standards. Vor allem mittelständische Unternehmen, die nicht für den Weltmarkt produzieren, aber von dort Konkurrenz bekommen, kämpfen für die Errichtung oder den Erhalt immer neuer, strengerer Normen. Viel zu oft mit Erfolg.

Schwerer Stand für gute Argumente

Gerade in Zeiten der Globalisierung, in denen der Wandel scheinbar kaum zu bremsen ist, beweisen Gesellschaften großes Beharrungsvermögen. Jede Änderung wird schnell als Dammbruch empfunden, der die gewohnte Welt umkrempelt. Plötzlich wird das Vertraute überhöht, weil es eine Welt strukturiert, in der jede Ordnung verloren zu gehen scheint. Die Frage, ob ein strenger Standard auch ein sinnvoller ist, tritt dahinter vollkommen zurück. Hinzu kommt, dass der heftige Widerstand von Unternehmensvertretern oder Gewerkschaften oftmals zu einer zusätzlichen Überbetonung der negativen Folgen führt. Als das Reinheitsgebot zu fallen drohte, gingen Brauer und Verbraucher auf die Barrikaden, als stehe der Untergang des Abendlandes bevor. Als die Norm dann fiel, änderte sich wenig. Doch erst die Abschaffung überholter Standards bahnte den Weg für den europäischen Binnenmarkt, den heute jeder schätzt. Hätte jedes Land auf seinen Eigenheiten bestanden, wären die Grenzen nie gefallen. Noch immer ist der Weg zur völligen Einheit weit.

Der Verlust von Normen kann schmerzen, doch im Grunde hilft er allen. Einigen sich die Staaten auf gemeinsame Regeln, erleichtert das den Handel und eröffnet neue Exportchancen. Das schafft neue Arbeitsplätze und nimmt denjenigen den Wind aus den Segeln, die eben noch mit strengen Normen ihren Markt beschützen wollten – angeblich zur Sicherung von Arbeitsplätzen. Gleichzeitig fallen die Güterpreise im Wettbewerb erheblich. Zum einen, weil die Hersteller, die bislang nur für einen begrenzten Markt produziert haben, nun größere Mengen herstellen können. Im Regelfall senkt dies die Kosten für jedes einzelne Stück und bei funktionierendem Wettbewerb auch den Preis. Andererseits können nun ausländische Konkurrenten zu günstigeren Preisen ihre Produkte anbieten. Zwar sind durch fallende Preise auch Arbeitsplätze bedroht, denn nicht mehr alle Anbieter können auf dem erweiterten Markt konkurrieren. Die künstlichen Marktbarrieren, die der Standard zuvor aufrechterhalten hatte, hatten zu ineffizienten, teuren Produktionsprozessen geführt, die nun keinen Bestand mehr haben. Doch gleichzeitig profitieren die heimischen Exporteure. Denn nicht nur das eigene Land muss Standards auf die Probe stellen und möglicherweise anpassen – sondern auch die Handelspartner. Dadurch eröffnen sich den Unternehmen, die bislang nur für einen begrenzten Markt produzierten, neue Exportchancen. Und schließlich schonen einheitliche Regeln die Ressourcen. Denn die Aufrechterhaltung vieler verschiedener Normen – etwa für Europas Steckdosen – ist letztlich nichts als eine riesige Verschwendung von Zeit, Material und Arbeitskraft. Mit großem Aufwand müssen Hersteller Geräte mit verschiedenen Steckern ausrüsten, obwohl diejenigen, die damit beauftragt sind, mit ihrer Arbeitszeit durchaus Sinnvolleres anfangen könnten.

Wollen die Konsumenten auf Gewohntes nicht verzichten, werden sie auch bereit sein, einen höheren Preis dafür zu zahlen. Sie selbst entscheiden darüber, welche Anforderungen sie an ein Produkt stellen und was es ihnen wert ist. Ihre Ansprüche hängen von ihrem Informationsstand ab und damit auch von Werbung und Verbraucheraufklärung. Sicherlich hat Qualität auch immer etwas mit dem Geldbeutel zu tun – doch über die Verwendung ihres Einkommens, darüber, mit welchem Weniger sie welches Mehr finanzieren, entscheiden allein die Verbraucher. Der Vorwurf aber, die Globalisierung verdränge das Gute zu Gunsten des Mittelmäßigen, ist haltlos. Und mit strengen Vorschriften muss man Konsumenten nicht schützen: Über Qualität urteilen sie – vorausgesetzt, sie erhalten alle nötigen Informationen – am besten immer noch selbst.

Das bedeutet jedoch nicht, dass zwangsläufig jeder Standard der Globalisierung zum Opfer fallen muss. Ein schlagkräftiger Verbraucherschutz ist angesichts der wachsenden Produktvielfalt wichtiger denn je. Mindestregeln, auf deren Einhaltung sich die Verbraucher verlassen können, sind auch im globalen Wettbewerb unverzichtbar. Strenge Vorschriften bei der Herstellung von Nahrungsmitteln oder Medikamenten dienen nicht dazu, ausländische Wettbewerber vom Markt zu drängen. Entscheidend ist, dass das jeweilige Interesse am hohen Standard enthüllt wird – damit klar ist, welche neue Regel der Protektion dienen soll und welche tatsächlich dem Verbraucherschutz. Im Zweifel werden Konkurrenten, die sich durch eine neue Regelung benachteiligt sehen, ohnehin auf eine Überprüfung bei internationalen Institutionen drängen.

Haben sich die Staaten nämlich, wie im Fall der Welthandelsorganisation WTO, auf die Abschaffung oder Minderung von Handelshemmnissen geeinigt, können WTO-Gremien deren Abbau oft leichter durchsetzen als die Staaten selbst. Würde etwa das Schiedsgericht der Welthandelsorganisation eine nationale Norm für Stromstecker als bewusste Verzerrung des Wettbewerbs einstufen, könnten andere Länder deren Abschaffung mit Sanktionen erstreiten. Ähnlich lag die Sache auch beim Reinheitsgebot. Auf der Grundlage des europäischen Gemeinschaftsrechts – die Mitgliedsländer hatten sich vertraglich unter anderem auf das »Verbot wettbewerbsbeschränkender Vereinbarungen und Verhaltensweisen« geeinigt – konnte der Gerichtshof eine Aufhebung dieses Standards verlangen. Eine Entscheidung, mit der in Deutschland keine Partei eine Wahl hätte gewinnen können.

Heikler Standortwettbewerb

Wesentlich komplizierter sieht die Sache aus, wenn sich Schutzvorschriften nicht mehr mit Produkten befassen, sondern mit Produktionen. Denn im internationalen Standortwettbewerb geht es nicht nur um die Erschließung neuer Märkte, sondern auch um die Suche nach den günstigsten Herstellungsbedingungen. Und die mögen aus Sicht eines Unternehmers heißen: schnelle Rodung neuer Betriebsgrundstücke statt monatelanger Planfeststellungsverfahren. Produktion ohne Restriktion statt Rauchgasentschwefelungsanlage und Betriebsverfassungsgesetz. Billige Arbeit statt hohe Steuern und Lohnnebenkosten. Doch der internationale Standortwettbewerb, so klagen Umweltschützer, Menschenrechtler und Gewerkschafter, schraubt Öko- und Sozialstandards immer weiter herunter. Sie fürchten ein »race to the bottom« – im Wettlauf um die niedrigsten Anforderungen.

Die Kritik ist berechtigt. Im Wettlauf um die begehrten ausländischen Direktinvestitionen ist das günstige Investitionsklima entscheidend. Und das beinhaltet neben der Rechtssicherheit des Investors auch die Aussicht, lästige Auflagen und hohe Anforderungen an die Produktion umgehen zu können. Weil viele Länder um ausländische Investoren konkurrieren, gibt es in der Regel immer noch einen Staat, der das ohnehin niedrige Angebot der anderen noch unterbieten kann. Vor allem Entwicklungs- und Schwellenländer liefern sich gegenseitig einen Unterbietungswettbewerb um die besten Bedingungen für ausländische Direktinvestitionen.

So zynisch es klingt: In der Unterbietung hoher Anforderungen liegt für Entwicklungsländer eine der wenigen Chancen, in den internationalen Wettbewerb einzusteigen. Alternativen gibt es für sie nicht. Würden sie auf den internationalen Standortwettbewerb verzichten, verlören sie im Wettbewerb jede Chance, auch nur annähernd aufzuschließen. Sie hätten kaum Möglichkeiten, in der Wertschöpfungskette vom Rohstoff bis zum Endprodukt zusätzliche Veredelungsstufen aufzubauen, um so ein Wirtschaftswachstum aus eigener Kraft anzustoßen. Kurz: sich zu entwickeln. Auch die weltweite Angleichung der wichtigsten Umwelt- und Sozialstandards wäre keine Lösung. Damit würden die Entwicklungsländer allenfalls den Gewerkschaften in der entwickelten Welt in die Hände spielen. Die setzen sich schon lange für die Belange ihrer Kollegen in den Entwicklungsländern ein und fordern, Investoren müssten eben verpflichtet werden, auch in Entwicklungsländern dieselben Standards einzuhalten, die auch in der entwickelten Welt gelten. Auf den ersten Blick mag eine solche Forderung außerordentlich sozial aussehen. Auf den zweiten Blick ist sie vor allem egoistisch. Denn auch in diesem Fall fände ein Standortwettbewerb nicht mehr statt. Entwicklungsländer würden um ihre wesentlichen Vorteile gebracht, zum Vorteil der Arbeitnehmer in reichen Ländern. Letztere hätten dann weniger Konkurrenz zu fürchten.

Verbriefte Menschenrechte: die Kernarbeitsnormen

Die Internationale Arbeitsorganisation (ILO) in Rom regelte die Frage
der Sozialstandards auf ihre Art. Die Mitgliedstaaten der ILO – 349 Länder und autonome Regionen auf allen Kontinenten – einigten sich auf
die so genannten Kernarbeitsnormen der ILO. Schon 1919 hatte die Organisation ein Abkommen über die 48-Stunden-Woche auf den Weg gebracht. 1948 verständigte man sich auf die Freiheit zur Gründung von
Gewerkschaften, 1957 auf die Abschaffung der Zwangsarbeit, 1958 auf
das Verbot der Rassendiskriminierung am Arbeitsplatz, 1973 auf ein
Mindestalter von Beschäftigten, um der Kinderarbeit vorzubeugen.

Gemeinsam bilden diese ILO-Standards die Kernarbeitsnormen,
festgelegt 1998 in der Declaration on Fundamental Principles and
Rights at Work. Mittlerweile sind sie rund um den Globus anerkannt. In
der Welthandelsorganisation prüft eine Kommission, wie sich die Ar-
beitsnormen mit Handelsvereinbarungen verknüpfen lassen. Zwar
streifen die Kernarbeitsnormen nur die drängendsten Probleme. Doch
sie zeigen, wie die Welt zu Regeln kommen kann, die die Schwächsten
schützen, ohne ihnen die Chance auf weitere Entwicklung zu nehmen –
wenn auch manchmal in quälend langsamen Tempo. Genau darin liegt
der Vorteil der Kernnormen: Sie bilden ein Korsett, in dem sich Gesellschaften entwickeln können.

Streiks, Gewerkschaften, Mitbestimmung: Das Recht auf Versamm-
lungsfreiheit, verbrieft in den Kernnormen, gibt den Arbeitern in Entwicklungsländern oftmals erst die Möglichkeit, offensiv für ihre Belange
einzutreten. Dadurch wächst in vielen »emerging markets« überhaupt
erst das kritische Bewusstsein, dass es neben dem wirtschaftlichen Aufstieg noch anderes zu erringen gibt: Auf Umwegen fördern die Kern-
beitsnormen die Entstehung sozialer Marktwirtschaften und öffnen so
letztlich das Tor zur Demokratie.

Trügerische Freunde

Es ist selten, dass Globalisierungsgegner mit der Politik der Vereinigten Staaten einverstanden sind. Hinsichtlich der Arbeits- und Sozialstandards dürften sie es sein: Kein Land pocht in der 2001 im katarischen Doha ausgerufenen Welthandelsrunde so sehr auf die Durchsetzung hoher Standards wie die USA. Entsteht da etwa eine neue Allianz aus Globalisierungskritik und Washington? Wohl nicht. Hinter der Forderung nach hohen Arbeitsstandards stehen die amerikanischen Gewerkschaften, und ihr Ziel ist nicht das Wohlergehen von Arbeitern in den Entwicklungsländern, sondern die Sicherheit der US-Jobs.

Werden strikte Arbeitsstandards in Handelsverträge aufgenommen, ist das letztlich nur ein neues Instrument der Verdrängung unliebsamer Konkurrenz – und benachteiligt ausgerechnet die Länder, die am dringendsten darauf angewiesen sind, stärker in den Welthandel integriert zu werden. Die Forderung nach strengeren Arbeitsstandards ist in der Lobbyarbeit praktisch, denn sie lässt sich gut in den Deckmantel des Sozialen kleiden. Dies zeigt, wie gefährlich eine missverstandene Anti-Globalisierungshaltung sein kann, die angeblich den Entwicklungsländern helfen soll – ihnen aber in Wirklichkeit schadet. Nicht umsonst sind die Entwicklungsländer gegen die Festschreibung von Sozialstandards in völkerrechtlich verbindlichen Verträgen, etwa in denen der WTO. Sie fürchten einen neuen Protektionismus der Industrieländer. Doch nicht politisch beschlossene Zwangsmaßnahmen, sondern eine behutsame wirtschaftliche Entwicklung hilft bei der Errichtung besserer Arbeitsbedingungen in Entwicklungsländern – ganz abgesehen davon, dass noch nicht ganz klar ist, wie Verstöße gegen solche Normen geahndet werden sollen. Würden die betreffenden Unternehmen boykottiert, litten diejenigen Arbeitnehmer am meisten, denen der Boykott helfen soll. Denn ihre Arbeitsplätze wären damit bedroht.

Im globalen Dorf spielen Verbraucher und eine kritische Öffentlichkeit auch hinsichtlich der Sozialstandards eine entscheidende Rolle.

Diejenigen Unternehmen, die ihre Produkte exportieren wollen, können es sich nicht erlauben, gegen grundlegende Rechte und Pflichten zu verstoßen. Bei lokal agierenden Betrieben ist dieser Weg wesentlich länger, er führt über die Demokratisierung und die Durchsetzung der Arbeitnehmerrechte. Auch verschiedentlich geforderte Handelssanktionen gegen Länder, in denen Arbeitnehmerrechte mit Füßen getreten werden, können diesen Prozess nicht beschleunigen: Der Ausschluss vom Welthandel lässt breite Schichten verarmen und erschwert tendenziell die Durchsetzung demokratischer Grundfreiheiten. Eher helfen da schon Handelserleichterungen für solche Staaten, die sich um die Durchsetzung grundlegender Arbeitnehmerrechte verdient machen. Mit freiem Handel und steigendem Wohlstand können zudem die Standards strenger werden, reift der Wunsch nach höherer Lebens- und Arbeitsqualität. Vorgaben aber, die sich stur an denen der reichen Länder orientieren, machen Entwicklung zunichte, statt sie zu erleichtern.

Ein Siegel als Signal

Es gibt auch Wege, höhere Standards in Entwicklungsländern zu ermöglichen, ohne dass dies deren Marktchancen schmälern würde. Seit den frühen 90er Jahren etwa versieht der Kölner Verein TransFair Produkte aus Entwicklungsländern mit seinem Siegel. Voraussetzung: Die Bauern vor Ort können ihre Erzeugnisse ohne den Umweg über Zwischenhändler an den Großhandel geben, der sie ihnen zum Festpreis abnimmt. Die Produkte werden entsprechend gekennzeichnet und gehen zum höheren Preis in den Handel. Das soll die Bauern von Preisschwankungen bei Kaffee, Kakao oder Zucker unabhängiger machen und sie vor Ausbeutung durch mächtige Zwischenhändler schützen.

Wer sich den Luxus frei gehandelter Erzeugnisse leisten will, muss also entsprechend mehr zahlen – und tut das mit gutem Gewissen. Die Zahl der TransFair-Produkte stieg in den vergangenen Jahren permanent. Jährlich bringt der Sozialzertifizierer in Deutschland Waren im Wert von mehr als 50 Millionen Euro in den Handel, rund 20 000 Supermärkte vertreiben die Produkte. Das Problem, dass ein hoher Standard für Entwicklungsländer auch die Abkoppelung von Weltmärkten bedeuten kann, löst der Verein auf eine marktkonforme Art. So können die Verbraucher über bewusste Kaufentscheidungen selbst für die Einhaltung bestimmter Kriterien sorgen, ohne dass dies dem freien Welthandel und der Globalisierung Abbruch täte. Ähnlich verfährt das Forest Stewardship Council (FSC). Hier stehen ökologische Standards im Vordergrund. Der Verein, der 1993 gegründet wurde, vergibt ein Siegel für Holz aus nachhaltiger Forstwirtschaft und animiert Forstwirte dazu, ihre Wälder nicht durch übermäßige Ausbeutung zu zerstören. Im Gegenzug garantiert der Standard ihnen einen höheren Holzpreis. Das Holz geht mit einem FSC-Siegel in den Handel – die Verbraucher haben die Wahl.

Der Kundenkreis ist zwar begrenzt, die steigende Nachfrage zeigt aber, dass die Sensibilität für Lebens- und Arbeitsbedingungen in der

Dritten Welt wächst; der öffentliche Widerstand bei Verstößen nimmt zu. Mittlerweile legt auch die Wirtschaft selbst mehr Wert auf die Umsetzung etwa der Kernarbeitsnormen. So erklärte die Außenhandelsvereinigung des deutschen Einzelhandels (AVE) Anfang 2003, künftig die Einhaltung der Kernarbeitsnormen zur Grundlage von Geschäftsbeziehungen mit Anbietern aus Entwicklungsländern zu machen. Dahinter verbirgt sich auch die Angst, im Zusammenhang mit menschenunwürdigen Arbeitsbedingungen in die Schlagzeilen zu geraten – etwa so, wie es namhaften Sportartiklern in der Vergangenheit des Öfteren widerfuhr. Solche Selbstverpflichtungserklärungen, die für die AVE mit der Kontrolle von rund 16 000 Hauptlieferanten und deren Zulieferern verbunden sind, schärfen das Bewusstsein für die Rechte von Arbeitnehmern in der entwickelten wie auch in der sich entwickelnden Welt. Und das, ohne Letztere vom internationalen Wettbewerb auszuschließen.

Regeln brauchen Rückhalt

Ob Produktnormen, Sozialstandards, Umweltabkommen: Ein funktionierender Welthandel braucht einen Ordnungsrahmen, der zwar das Wesentliche schützt, aber nicht als Waffe des Protektionismus missbraucht werden kann. Dieser muss auf der Basis multilateraler Vereinbarungen gründen. Alle Staaten müssen das Recht haben, sowohl ihre Forderungen als auch ihre Vorbehalte einzubringen. Der Ordnungsrahmen muss Sanktionen für den Fall vorsehen, dass sich Einzelne den gemeinsamen Regeln widersetzen. Und auf welche Standards die Welt sich auch immer einigt – sie müssen eine innere Legitimation haben: Entweder, weil alle Vertragspartner an der Gestalt des Vertrages mitarbeiten konnten – in der Überzeugung, dass der Nutzen für jedes einzelne Land letztlich größer sein wird als der Nachteil. Oder, weil eine andere Lösung globaler Probleme nicht mehr in Betracht kommt. Zur Durchsetzung einvernehmlich gesetzter Standards braucht es unabhängige Schiedsgerichte, die Streitfragen schlichten oder entscheiden dürfen. Diese Schiedsgerichte wiederum müssen einer breiten Gruppe Betroffener zugänglich sein, also auch Arbeitern, Umweltschützern, Menschenrechtlern oder Verbraucherschützern. Nur so können die Regeln den nötigen Rückhalt bieten.

Nicht zuletzt wird auch eine Diskussion über den Begriff der Fairness nötig sein. Jeder, der für sich ein Recht beansprucht, hat seine eigene Vorstellung davon, was fair ist und was nicht. Jeder dieser Ansprüche hat seinen eigenen Hintergrund, der für sich genommen gut begründbar sein mag. Ein deutscher Bauarbeiter wird es als unfair empfinden, dass ein polnischer Kollege ihm zum niedrigeren Lohn die Arbeit wegnimmt, und deshalb »gleichen Lohn für gleiche Arbeit« fordern. Ein tansanischer Bauer mag es unfair finden, dass er seinen Mais nicht in die EU exportieren darf, weil dieser den geltenden Qualitätsstandards nicht entspricht. Ein italienischer Steckdosenhersteller hält es für unfair, wenn sich die portugiesische Norm europaweit durchsetzt.

Doch wie gut auch die Begründungen im Einzelfall sein mögen: Die Entscheidung für einen globalen Markt steht weit über der individuellen Fairness, denn sein Nutzen bestimmt sich aus einer kollektiven Fairness. In einem globalen Markt mit globalen Regeln haben alle die Möglichkeit, ihr Bestes zu geben. Kunden haben weiterhin die Chance, sich für das aus ihrer Sicht beste Produkt zu entscheiden. Kernnormen legen fest, dass diese Produkte bestimmten Mindestanforderungen genügen, dass sie nicht die Gesundheit schädigen oder unter untragbaren sozialen oder ökologischen Bedingungen hergestellt wurden. Was aber untragbar ist und was nicht, darüber entscheidet nicht allein die entwickelte Welt. Es ist eine Entscheidung aller Beteiligten.

Höhere Standards – eine Aufgabe der Verbraucher

Immer wieder fordern gerade Globalisierungskritiker die hohen Standards für Entwicklungsländer ein. Doch letztlich machen sie sich damit einer Art neuen Imperialismus verdächtig. Müsste sich die Dritte Welt an das hohe Sozialniveau der Industrieländer anpassen – es wäre tödlich für sie. Die Entwicklungsländer zu höheren Standards zu motivieren ist, wenn überhaupt, die Aufgabe der Verbraucher in den reichen Ländern; und nicht die konkurrenzscheuer Unternehmer oder Gewerkschaften, die am Ende doch nur den eigenen Vorteil suchen.

Der Verbraucherschutz wird auf freien Weltmärkten genauso Bestand haben wie in einer autarken Welt, in der jeder Staat nur für sich selbst sorgt. Sinnvolle Standards werden die Globalisierung überleben, unsinnige nicht. Die Rolle der Verbraucher wird in dieser Welt immer stärker, nicht schwächer. Sie werden, wo es ihnen wichtig ist, Informationen über die Beschaffenheit von Produkten einholen und sich für das Erzeugnis entscheiden, das ihren Bedürfnissen am ehesten entspricht. Die Arbeit derer, die Konsumenten aufklären, wird vor diesem Hintergrund immer bedeutender werden und auch das Engagement jener, die soziale und ökologische Missstände anprangern. Entscheiden sich die Verbraucher vermehrt für Produkte, die bestimmten Mindestanforderungen genügen, steigt auch der Druck auf die Hersteller, diese einzuhalten. Die Globalisierung zerstört nicht das Gute – sie weckt vielmehr eine neue und notwendige Diskussion darüber, was gut ist und was nicht.

Irrtum Nr. 6:
Der Vormarsch multinationaler Konzerne in die Dritte Welt schafft nur Armut, Kinderarbeit und Sozialdumping

Das alte Toronto der Textilfabriken und Kürschnereien besteht aus Backsteinbauten. Lang gestreckte Hallen und Lagerhäuser, Schriftzüge an Fassaden, mit den Jahren fast bis zur Unleserlichkeit verblasst. Heute werden die Gebäude als luxuriös renovierte Wohnungskomplexe oder als Wohn- und Arbeitsstätten für Dienstleister und Kulturschaffende genutzt – von der Architektin bis zum Yogalehrer. Nur wenige der Bauten dienen noch als Produktionsstätten für vereinzelte Textilfirmen. Solche, die zu klein sind, um nach Asien oder Mittelamerika umzuziehen, die dem Trend der Branche nicht folgen und Heimarbeiter gegen Stücklohn beschäftigen. Das alte Gewerbe Torontos ist fast völlig verschwunden.

Was Naomi Klein in ihrem Bestseller No Logo! über den Wandel der kanadischen Stadt schreibt, gilt für viele westliche Industriezentren. Das alte Gewerbe existiert nicht mehr. Es ist neu entstanden in den Exportproduktionszonen von Bangladesch, China oder Indonesien. Unternehmen haben ihre Herstellung dorthin ausgelagert, wo sie billiger produzieren können. Insbesondere arbeitsintensive Produktionsschritte sind so mittlerweile in Entwicklungsländer abgewandert. Moderne Telekommunikationstechnik hilft dabei. Sie vernetzt dezentrale Produktionsstätten und erlaubt eine Logistik, mit der von der Rohstoffgewinnung bis zum Endhandel jeder Produktionsschritt dort getan werden kann, wo er am wenigsten kosten.

Selbst Mittelständler gehen diesen Weg. Solche wie der Coburger Autozulieferer Brose: Er hat Kapazitäten auf Satelliten gemietet und vernetzt seine 17 Werke auf der ganzen Welt mit einem eigenen Kommunikationssystem. Wenn Brose-Forschungsteams in Deutschland Feierabend machen, setzen die Kollegen in den USA die Arbeit an ihrem Projekt nach der Mittagspause fort. Alle Werke stehen permanent im Wettbewerb untereinander, denn in jedem von ihnen können die benötigten Teile angefertigt werden – in China genauso wie in Mexiko, in Brasilien wie in Deutschland. Technisch ist das kein Problem: Die Daten, die für einen bestimmten Produktionsschritt nötig sind, lassen sich ohne Zeitverzögerung übermitteln. Das erzeugt einen stetigen Druck auf alle Mitarbeiter, schließlich könnte die eigene Arbeit ja andernorts noch besser erledigt werden.

Eine derart starke Arbeitsteilung ist manchem Globalisierungsgegner zu viel. Wie Kraken, so glauben sie, breiten sich die multinationalen Konzerne in der ganzen Welt aus, um die jeweils günstigsten Arbeitsbedingungen auszunutzen. Ob dabei fundamentale Arbeiterrechte verletzt, die Umwelt zerstört oder Kinder um ihre Kindheit gebracht werden, kümmere sie wenig. Doch in den meisten Fällen machen es sich die Kritiker zu einfach. Sie lassen Einzelfälle für die Gesamtheit der Multis sprechen, anstatt sich mit den Entwicklungen der vergangenen Jahre auseinander zu setzen. Schon ihres internationalen Rufes wegen stehen viele weltweit agierende Unternehmen mittlerweile für ein Mehr an Rechten, nicht für ein Weniger. Und ein wirtschaftlicher Aufstieg vieler Entwicklungsländer wäre ohne ein Engagement dieser Konzerne gar nicht denkbar.

Die treibenden Kräfte der Globalisierung

In den 90er Jahren haben die Entwicklungs- und Schwellenländer ihren Anteil am weltweiten Zustrom von Direktinvestitionen gegenüber den 70er und 80er Jahren fast verdoppelt. In den Jahren 1997/98 etwa wanderten 170 Milliarden Dollar zum Aufbau von Produktionskapazitäten in die Niedriglohnländer. Dahinter stehen in der Regel international tätige Unternehmen, die Betriebsstätten in eigener Regie oder im Rahmen von Joint Ventures mit Investoren vor Ort errichten. Die Zahl der Multis hat sich parallel zur wachsenden Bedeutung ausländischer Direktinvestitionen seit 1995 weltweit von 40 000 auf mehr als 65000 erhöht. Allerdings spiegeln diese Zahlen nicht den ganzen Einfluss der Unternehmen wider. Eine betriebswirtschaftlich günstigere Variante zu eigenen Produktionsstätten sind häufig Zulieferverträge. Im Auftrag ausländischer Konzerne fertigen die Kontraktpartner dann mal Einzelteile, mal fertige Endprodukte. Diese Lieferverträge aber tauchen in den Direktinvestitionsstatistiken nicht auf. Experten schätzen, dass sich die Zahl der Zulieferbetriebe – ebenfalls seit 1995 – annähernd verdreifacht hat: von 250 000 auf 700 000.

Multinationale Unternehmen am Pranger

Der weltweite Außenhandel kennt keine Grenzen mehr: Die Baumwolle für T-Shirts eines Markenherstellers kommt von der Elfenbeinküste. Sie wird nach Kolumbien geliefert, um dort versponnen zu werden. Anschließend geht das Garn nach Vietnam, dort wird es zu Baumwolltuch gewoben. Das Tuch wird in China zugeschnitten, die Schnittmuster sind in der Designabteilung der Konzernzentrale in den USA mit Computersoftware erstellt worden, die aus Indien stammt. Nach dem Zuschnitt treten Näherinnen in Aktion, die von Zulieferern in China beschäftigt werden.

Multinationale Unternehmen sind die treibenden Kräfte in der Ausweitung des Welthandels. Die Auslandsumsätze allein der größten 100 unter ihnen machen mittlerweile ein Viertel des gesamten Welthandelsvolumens aus. Nahezu zwei Drittel des Handels spielen sich zwischen diesen Unternehmen oder ihren Zulieferern ab. Dabei werden nicht mehr Fertigwaren über Landesgrenzen geschafft, sondern einzelne Komponenten der betreffenden Waren. Sie werden an verschiedenen Standorten hergestellt und irgendwo zusammengefügt, ehe schließlich das Endprodukt den Verbraucher erreicht. Die Exporte von Unternehmen, die ausschließlich in ihrem Stammland und damit auch im Rahmen der dort geltenden Arbeits- und Sozialgesetze fertigen, machen nur noch ein Drittel des Welthandels aus.

Die transnationalen Konzerne aus den reichen Industrienationen, so klagen die Kritiker, sind Kolosse ohne Heimat. Ohne große Mühe wechseln sie die Standorte und können von Land zu Land unterschiedliche Rahmenbedingungen zu ihrem Vorteil ausnutzen. Sie produzieren dort, wo die Kosten am geringsten sind – wo sie die niedrigsten Löhne, die schwächsten Sozial- und Umweltstandards vorfinden. Indem sie ihre Produktionen auslagerten, sei es für die Konzerne ein Leichtes, sich den Arbeitsschutz- und Sozialvorschriften ihrer Stammländer zu entziehen. Doch nicht nur das: Darüber hinaus, so die Kritiker, übten sie Druck auf die Arbeitsbedingungen in armen Ländern aus, wodurch dort Armut, Kinderarbeit und miserable Arbeitsbedingungen zementiert würden. Weil die Entwicklungsländer im Wettbewerb um ausländische Direktinvestitionen stünden, gerieten die ohnehin schon unzulänglichen Löhne und Sozialstandards immer weiter unter Druck.

Zwar lässt sich nicht leugnen, dass manche Länder in der Dritten Welt für ausländische Unternehmen häufig erst durch eine brisante Mischung von Standortfaktoren interessant geworden sind: billige Arbeitskräfte, fehlender Arbeits- und Kündigungsschutz, schwache Umweltvorschriften und korrupte Politiker, die gegen Geld noch die letzten Hürden schleifen. Doch noch wichtiger als die Produktionsbedingungen ist für viele Unternehmen die Erschließung neuer Märkte. Wissenschaftler vom Kieler Institut für Weltwirtschaft fanden heraus, dass deutsche Multis vor allem an neuen Absatzmärkten interessiert sind, wenn sie in einem Entwicklungs- oder Schwellenland investieren wollen. Nicht in erster Linie billige Arbeitskräfte und niedrige Umweltstandards locken ins Ausland, sondern die Größe der Märkte und damit das Potenzial für zusätzliche Umsätze und Gewinne vor Ort. Mit Ausbeutungsmotiven lassen sich solche Investitionen nur schwer übereinbringen – schließlich setzen die Unternehmen in diesem Fall auf Entwicklung. Dies aber funktioniert nur mit einer Kaufkraft, die aus Hungerlöhnen kaum entstehen kann.

Millionenstädte aus dem Nichts: Sonderwirtschaftszonen

Vor 1980 war Shenzhen ein verschlafenes Küstennest im Süden der Provinz Guandong, in das sich Fremde nur selten verirrten. Dann entschied die chinesische Regierung, dort eine Sonderwirtschaftszone einzurichten – eine Art überdimensionales und steuergünstiges Industriegebiet. Heute ist Shenzhen die älteste der fünf Sonderwirtschaftszonen Chinas und gleichzeitig die erfolgreichste. Innerhalb weniger Jahre wuchs das Küstendorf in der Nähe von Hongkong zu einer Großstadt mit fast vier Millionen Menschen heran. Als Zentrum einer staatlich kontrollierten Marktwirtschaft ist Shenzhen das Experimentierfeld der Volksrepublik. Viele Chinesen sind aus verarmten ländlichen Gegenden gekommen, um an der florierenden Küste ihren Lebensunterhalt zu verdienen. Nun arbeiten sie in den Fabriken Shenzhens und fertigen Stofftiere, Armbanduhren, T-Shirts oder Fotoapparate, die anschließend nach Japan, in die USA oder nach Europa exportiert werden.

Nach Schätzungen der Internationalen Arbeitsorganisation (ILO) gab es Ende der 90er Jahre 850 Sonderwirtschaftsgebiete, mit ungefähr 27 Millionen Beschäftigten und verteilt auf 70 Länder. Kritiker sehen in diesen Fabrikzonen mit laxen Vorschriften ein gefährliches Entgegenkommen der Staaten an ausbeuterische Großkonzerne. Doch den Regionen verleihen die Sonderwirtschaftszonen häufig einen ungeahnten Aufschwung. Weil die Multis überall den aktuellen Stand der Technik einsetzen, kommt neues Know-how in die Region, die lokalen Arbeitnehmer werden gründlich geschult und können ihr Wissen an andere weitergeben. Wachsende Wertschöpfung bedeutet auch, dass Steuerquellen stärker sprudeln: Unternehmen und Beschäftigte zahlen Steuern an das örtliche Gemeinwesen, die zum Ausbau der Infrastruktur verwendet werden können.

Die verbesserte Ausbildung der Arbeiter führt in der Regel dazu, dass ihr Lohneinkommen steigt. Gerade in Ländern, in denen nur Großfamilien das ökonomische Überleben des Einzelnen erlauben, ist das eine wichtige Entwicklung, die meist unterschätzt wird. Nicht mehr die Größe der Familie ist entscheidend, sondern die Qualifikation der Kinder. Dies wiederum hilft, die Kinderarbeit einzudämmen. Hinzu kommt die finanzielle Bewegungsfreiheit. Wachsender Konsum der Beschäftigten sorgt für neue Arbeitsplätze – vor allem in den betreffenden Regionen. Anstatt die Arbeits- und Sozialstandards zu unterminieren, tragen multinationale Konzerne so oftmals gerade zu einer Verbesserung der Lebensbedingungen bei.

Nicht überall haben die Sonderwirtschaftszonen bisher die Sozialstandards angehoben. Grundlegende Arbeitnehmerrechte wie Vereinigungsfreiheit, Streikrecht und Schutz von Gewerkschaftsaktivisten sind in den rasant wachsenden Zonen bislang häufig nur eingeschränkt oder überhaupt nicht gewährleistet. Die Arbeitstage sind lang, Gewerkschaften sind unerwünscht. Das aber darf nicht zu dem Schluss verleiten, die Globalisierung habe den Menschen erst diese Lebensumstände gebracht. Sie fällt in eine Zeit, in der extremer Armut in vielen Regionen der Welt herrscht. Verantwortlich sind meist hausgemachte Probleme: starkes Bevölkerungswachstum, Mangel an Schulen und Universitäten, Kriege und Korruption, die Fehlleitung von Entwicklungshilfegeldern – die Liste ist lang. Durch die Einbeziehung der dortigen Bevölkerung in die internationale Arbeitsteilung jedoch entsteht zumindest ein Ausweg aus der Misere.

Was Multis beitragen können

Wie eng die Öffnung für ausländische Investoren und wirtschaftlicher Aufstieg zusammenhängen können, zeigen die Schwellenländer Ostasiens und des pazifischen Raumes. Seit 1995 haben sie den Offenheitsgrad ihrer Volkswirtschaften für den Weltmarkt um ein rundes Fünftel gesteigert. Zeitgleich konnten sie ihr Bruttoinlandsprodukt pro Kopf in erheblichem Umfang steigern – in den 90er Jahren im Durchschnitt um 5,9 Prozent.

Damit verbunden ist eine ganze Reihe weiterer Effekte. Die Teilhabe einer Wirtschaft am Welthandel und die Ansiedlung ausländischer Unternehmen fördern Aus- und Weiterbildung. Beispiel Nestlé: Das Unternehmen ist der größte Lebensmittelproduzent der Welt und unterhält 500 Fabriken rund um den Globus – ein klassischer Multi, und damit Feindbild der Kritikerszene. Doch anstatt seine Mitarbeiter gnadenlos auszunehmen, bietet das Unternehmen ihnen Unterricht im Lesen und Schreiben an. In Mexiko organisiert Nestlé ein eigenes Grundschulprogramm, ebenso in Brasilien, in Thailand und an der Elfenbeinküste. In Südafrika nehmen ältere farbige Mitarbeiter der 1999 von Nestlé übernommenen Fabrik Babelegi, vormals unter dem Apartheid-Regime von jeglicher Schulbildung ausgeschlossen, an einem Trainingsprogramm teil. Binnen zwei Jahren ging die Analphabetenrate um 15 Prozent zurück. Gleichzeitig steigerte sich das Qualifikationsniveau der Arbeitnehmer, wodurch die Grundlage für eine gebildete Mittelschicht entstehen konnte. Nicht nur die ökonomischen Chancen eines Landes verbessern sich so, sondern auch die Möglichkeiten, demokratische Mitspracherechte durchzusetzen und überkommene Machtapparate zu überwinden. Nicht weniger, sondern mehr Integration der Entwicklungsländer in die Weltwirtschaft macht eine schrittweise Anhebung von Sozialstandards möglich.

Solche Impulse kommen häufig von den ausländischen Konzernen. Zusammen mit ihren modernen Produktionsstätten exportieren sie auch westliche Vorstellungen von guten Arbeitsbedingungen in die Dritte Welt. Bei ihren Zulieferern vor Ort üben sie Druck aus, damit sich auch deren Arbeitsbedingungen verbessern. Und schließlich steigert die Präsenz der Multis die Bezahlung der einheimischen Arbeiter. So haben Untersuchungen in Ländern wie der Elfenbeinküste, Marokko oder Mexiko ergeben, dass dort ansässige ausländische Firmen höhere Löhne zahlen als lokale Unternehmen. Sozialstandards und Löhne auf westlichem Niveau sind zwar für die Dritte Welt derzeit Utopie – doch die Multis tragen auf Dauer dazu bei, dass sich die Lebens- und Arbeitsbedingungen für breite Schichten spürbar verbessern.

Die Entwicklungsländer selbst sehen die ausländischen Investitionen als Chance für zusätzlichen Export und neues Wachstum. Deshalb lehnen sie so vehement jede Einigung auf verbindliche Sozial- und Umweltstandards ab, wie sie von den reichen Ländern häufig gefordert wird. Das würde zwar die Bedingungen nachhaltig bessern, ihnen gleichzeitig aber auch ihre Standortvorteile rauben. Dann wären zwar die Standards hoch – es gäbe aber niemanden mehr, der sie einhalten müsste.

Riskante Verstöße

Die großen Unternehmen, ausgestattet mit Lobbyisten in allen Schalt-
zentralen der Macht, manipulieren die Regeln des globalen Handels zu
ihrem Vorteil, damit sie nach Bedarf international anerkannte Men-
schen- und Arbeiterrechte übergehen dürfen – so sehen viele Globalisierungsgegner die Multis. Eines der beliebtesten Beispiele dafür ist
Shell – nicht zu Unrecht. Lange Jahre pflegte der Konzern beste Beziehungen zur nigerianischen Staatsführung unter General Sani Abacha
und förderte auf dem Gebiet der Ogoni unbehelligt sein Öl. Ein Teil der
Erlöse ging über Steuern und Förderabgaben an die Regierung, in der
Region selbst aber kam nur wenig an. Doch als es in den 90er Jahren zu
blutigen Auseinandersetzungen zwischen den Ogoni und nigerianischen Sicherheitskräften kam, war es mit der Ruhe vorbei. Tausende
von Menschen wurden aus ihren Dörfern vertrieben, Hunderte wurden
verhaftet, Dutzende ohne Gerichtsverfahren hingerichtet. Der Shell-
Konzern lernte, was es heißt, den Makel eines Menschenausbeuters und
Umweltzerstörers zu tragen.

Die Lehre war bitter, und sie betraf nicht allein Shell: Im globalen
Dorf kann kein multinationaler Konzern mehr ungestraft fundamentale
Rechte von Mensch und Natur mit Füßen treten. Denn so, wie sich die
Konzerne über alle Teile der Welt ausgebreitet haben, finden sich dort
mittlerweile auch Umweltgruppen, Menschenrechtler, Oppositionspolitiker oder Gewerkschafter, die jeden Verstoß blitzschnell publik machen. Den Shell-Konzern kam es teuer zu stehen, dass er die Bedürfnisse der Gemeinschaft, in deren Gebiet der Ölkonzern tätig ist,
ignorierte und stattdessen eine korrupte Regierung unterstützte. Nach
der Hinrichtung Ken Saro-Wiwas im November 1995, eine der indirek-
ten Folgen des Ogoni-Aufstandes, nahmen die Proteste zu, und in vielen Teilen der Welt kam es zum Boykott von Shell-Tankstellen.

Der Konzern hat seine Lektion lernen müssen. Künftig will Shell
Projekte nicht mehr weiterverfolgen, wenn den ausländischen Koopera-

tionspartnern bestimmte Standards gleichgültig sind – wenn zum Beispiel Staatsunternehmen, mit denen der Konzern zusammenarbeitet, bereitwillig Umwelt- und Sozialstandards über Bord werfen, weil ihnen die öffentliche Meinung nichts gilt. 1999 bemühte sich Shell um Wiedergutmachung, indem es 52 Millionen Dollar für ein soziales Investitionsprogramm zur Verfügung stellte. Das Geld sollte in den Bau von Schulen, Krankenhäusern, Straßen, Brücken und in die Strom- und Wasserversorgung fließen – Bereiche, die von der nigerianischen Regierung lange sträflich vernachlässigt worden waren. Heute beschäftigt das Unternehmen in Nigeria mehr Entwicklungsexperten als der Staat, und es ist zu einem paradoxen Rollentausch gekommen: »Der Staat ist im Ölgeschäft aktiv, und wir befassen uns mit kommunalen Verwaltungsaufgaben«, sagt der Shell-Manager Brian Anderson, der Mitte der 90er Jahre die nigerianische Shell-Tochter leitete. Womit Anderson sicherlich – aus Gründen der Imagewertung – auch ein wenig übertreibt.

Doch auch Anderson weiß: International vernetzte Menschenrechtsgruppen wie Amnesty International, Umweltschützer wie der World Wide Fund for Nature oder Greenpeace organisieren blitzschnell Demonstrationen und Protestaktionen, die jedem Konzernchef den Schweiß auf die Stirn treiben. Kritische Nachforschungen, Publikationen und Kampagnen dieser Organisationen können die Multis längst nicht mehr ignorieren. Im »Global Village« verbreiten sich schlechte Unternehmensnachrichten in Windeseile, der Schaden für den Ruf der Angeschuldigten ist immens. Und während Kritiker die multinationalen Konzerne noch immer als menschenverachtende Ungeheuer sehen, arbeiten die Unternehmen – ob Nestlé, Shell oder irgendein anderer Multi – weiter an ihrem sozialen und ökologischen Ansehen. Die Globalisierung gibt ihnen nicht die Möglichkeit zur Ausbeutung, Unterdrückung und Umweltzerstörung, sie raubt sie ihnen.

Bessere Regeln für alle

De facto gibt es in fast allen Ländern der Erde Gesetze zum Schutz von Arbeitnehmern. Doch häufig lassen sich die bestehenden Normen allzu leicht umgehen – etwa dort, wo sich kurzfristiges Profitstreben und korrupte Behörden zusammenfinden. Hier setzen die Bemühungen von internationalen Organisationen wie der UNO oder ihrer Sonderorganisation, der Internationalen Arbeitsorganisation (ILO), an. Sie sollen den international anerkannten Mindestrechten für Arbeitnehmer auch in der Praxis Geltung verschaffen. Adressaten sind nicht nur die Regierungen in Ländern, die es mit den Sozialstandards nicht so genau nehmen, sondern vor allem die Unternehmen vor Ort. Die Multis, die inzwischen mehrheitlich erkannt haben, dass »Sozialdumping« letztlich auf sie zurückfällt, nehmen hier eine Vorreiterrolle ein, nicht zuletzt der öffentlichen Proteste wegen.

Frühjahr 2000. Die Fußballeuropameisterschaft steht vor der Tür. Anstatt sich auf den geballten Aufmarsch der aktuellen Sportmode vorzubereiten, betreiben die Marketingleute des Sportartikelausrüsters adidas-Salomon Krisenmanagement. In ganz Deutschland machen Gewerkschaften und kirchliche Gruppen unter dem Etikett »Clean Clothes« gegen den Sportartikler mobil. In Asien, Mittelamerika und Osteuropa betreibe der Konzern Werke, in denen er Arbeiter ausbeute: erzwungene Überstunden, ungerechte Bezahlung, sexuelle Belästigung der Arbeiterinnen, Unterdrückung freier Gewerkschaften – die Vorwürfe wiegen schwer. Hinter dem Skandal steht ein Zulieferer des Sportkonzerns: Formosa, ansässig in einer Freihandelszone El Salvadors. Die Kampagne schmerzt sehr.

Mittlerweile hat sich bei adidas-Salomon einiges geändert. Seit Ende der 90er Jahre gibt es im Konzern Verhaltensregeln, die auf dem Grundrechtekatalog der ILO beruhen. Die Regeln, im firmeneigenen Sprachgebrauch »Standards of Engagement« genannt, sehen unter anderem das Recht auf freie Gewerkschaften und den Verzicht auf

Zwangs- und Kinderarbeit vor. Der Konzern nimmt für sich in Anspruch, diese Standards über sein gesamtes Netzwerk von Zulieferern
durchzusetzen.[1] Und der Konkurrent Puma erhielt 2002 vom Deutschen Netzwerk Wirtschaftsethik einen Preis für »ethisch verantwortli-
ches Management«. Das Unternehmen habe sich in vorbildlicher Weise
auf internationale Sozialstandards verpflichtet. »Puma hat in nur drei
Jahren Außerordentliches geleistet, um bei den Lieferanten und Lizenz-
nehmern des Unternehmens weltweit die Produktionsbedingungen im
Sinne der Umwelt- und Sozialverträglichkeit dauerhaft zu verbessern«,
lobte Professor Horst Steinmann von der Universität Erlangen-Nürn-
berg in seiner Laudatio.

Nicht Dumping, sondern Besserung

Diese Codes of Conduct, schriftlich niedergelegte und absolut verbindliche Verhaltensregeln, wirken weit über die Grenzen der heimischen Betriebsstätten hinaus. Denn sie beziehen sich auf jedes Werk, auf jeden Vertragspartner der Konzerne weltweit. Ein Ausfuhrschlager, von dem selten die Rede ist: Über ihre Verhaltensregeln exportieren multinationale Konzerne bessere Arbeitsbedingungen – auch das ist Globalisierung. Ohne die Codes, so ist zu befürchten, würden in vielen Ländern grundlegende Verbesserungen der Arbeitsbedingungen noch lange auf sich warten lassen. Und das auch in jenen Fabriken, die nur den inländischen Markt bedienen.

Sofern die Unternehmen die Verhaltensregeln nicht selbst entwickelt haben, stützen sich die Kodizes auf Pionierarbeiten der OECD und der ILO. Die zuletzt im Jahr 2000 neu gefassten Richtlinien der OECD zur Praxis multinationaler Unternehmen umfassen alle Kernarbeitsnormen der ILO – und oft gehen sie über die gesetzlichen Bestimmungen der Teilnehmerländer weit hinaus. Zwar handelt es sich nur um Empfehlungen für multinationale Unternehmen, deren Umsetzung nicht erzwungen werden kann. Doch derzeit gibt es Bestrebungen, die Regeln auch mit Sanktionen zu versehen. So arbeitet die britische Regierung an Gesetzen, mit denen die Behörden künftig auch Multis aus Großbritannien verfolgen können, wenn sie sich im Ausland durch Korruption von Pflichten freikaufen.

Die Vielzahl freiwilliger Vereinbarungen zeigt, dass es auch ohne Zwangsmittel gehen kann. Im Juli 2000 einigten sich Regierungen, Nichtregierungsorganisationen und multinationale Unternehmen auf den so genannten Global Compact. Darin bekennen sie sich auf die Achtung von neun Prinzipien in den Bereichen Menschenrechte, Arbeitsbedingungen und Umweltschutz. Die Unternehmen, mittlerweile über 700 an der Zahl, stammen aus mehr als 50 Ländern. Darunter befinden sich der französische Versicherer AXA und die Volkswagen AG,

die Afriland Firstbank aus Kamerun ebenso wie der indische Elektronik-
und Telekom-Konzern Wadia Group. Sie alle verpflichten sich auf den
Schutz der Menschenrechte in ihrem Einflussbereich und stellen sicher,
dass sich ausländische Tochterunternehmen und Ableger nicht an Men-
schenrechtsverletzungen beteiligen. Die Konzerne im Global Compact
setzen sich für die Wahrung der Vereinigungsfreiheit und die wirksame
Anerkennung des Rechts zu Kollektivverhandlungen ebenso ein wie für
die Abschaffung von Zwangs- und Kinderarbeit. Diskriminierung bei
Einstellung und Beschäftigung ist tabu.

Auch ganze Branchen haben sich in den letzten Jahren Verhaltenskodizes unterworfen, zum Teil mit einer Selbstverpflichtung gegenüber
Gewerkschaften und Nichtregierungsorganisationen. Mittlerweile gedeihen die Kodizes schon so prächtig, dass es mehr darauf ankommt, einen Wildwuchs einzudämmen. Legendär ist der Fall eines indischen
Kleinbetriebes, der verschiedene europäische Abnehmer belieferte. Jeder einzelne dieser Partner hatte ihn auf die Einhaltung seiner jeweiligen Regeln eingeschworen. Acht verschiedene Sozialkodizes musste der
Betrieb erfüllen – und sich dies in jedem einzelnen Fall von einer unabhängigen Stelle attestieren lassen.

In einer Studie zu Verhaltenskodizes beurteilen Gutachter, beauftragt von der Friedrich-Ebert-Stiftung, die Effizienz der Vereinbarungen
zwar vorsichtig. Wie kaum anders zu erwarten, funktionieren Verhaltenskodizes dann besonders gut, wenn ihre Einhaltung von unabhängigen Überprüfungs- und Zertifizierungsstellen kontrolliert wird. Doch
über kurz oder lang wird sich hier unter den Multis ein neuer Wettlauf
um einen Standard entwickeln – dieses Mal allerdings um einen, der
das beste soziale Image verspricht.

Eine neue Transparenz

Der öffentliche Druck lässt auch die Bereitschaft der Unternehmen zu größerer Transparenz wachsen. Unter dem Dach des Umweltprogramms der Vereinten Nationen haben sich bis heute über 200 Unternehmen der so genannten Global Reporting Initiative angeschlossen. Diese Initiative, 1997 begründet und seit 2002 bei den Vereinten Nationen angesiedelt, arbeitet an der Erstellung und Verbreitung international gültiger Richtlinien für die Unternehmensberichterstattung in sozialen und ökologischen Belangen.

Die Initiative ist nur konsequent: Wenn sich die Unternehmen schon weit reichende Selbstverpflichtungen auferlegen, müssen sie auch Einblick in die tatsächlichen Verhältnisse geben. Damit machen sich die Konzerne bewusst angreifbar. Die sozial- und umweltbezogene Selbstdarstellung gibt dem kritischen Beobachter bisher nicht zugängliche Informationen an die Hand. Diese erlauben ein Urteil über das Engagement des Unternehmens zugunsten der Beschäftigten in den Entwicklungsländern. Das gibt Raum für eine Entwicklung, die Globalisierungsgegner gerne unterschlagen: Gerade die Multis setzen sich dem Diskurs über bessere Arbeitsbedingungen in Entwicklungsländern aus – also diejenigen, denen man sonst nur die Ausbeutung zutraute. Gleichzeitig wächst der Druck auf solche Unternehmen, die bislang noch in der Deckung geblieben sind.

Kinderarbeit – die überschätzte Rolle der Multis

Modekonzerne, die in ihren Fabriken flinke und vor allem billige Kinder schuften lassen; Nahrungsmittelriesen, die es dulden, dass Kindersklaven Kakaobohnen pflücken; Teppichhersteller, die ihre Produkte von kleinen Kinderfingern knoten lassen; Minderjährige, die in Pakistan Fußbälle zusammennähen – die Liste der Vorwürfe gegen Unternehmen aus den reichen Ländern ist lang. Wenn sie schon von billigen Arbeitskräften profitieren wollen, warum dann nicht gleich von Kindern? Immer wieder sind in den vergangenen Jahren Fälle bekannt geworden, in denen sich multinationale Konzerne mit Kinderarbeit beschmutzten. Von den Kritikern wurde dies bereitwillig aufgenommen – es passt so gut in das Bild vom einzig am Profit orientierten, Menschen verachtenden Großunternehmen, das längst alle ethischen Grundsätze über Bord geworfen hat. Doch so einfach ist die Sache nicht.

Nach Schätzungen der ILO muss weltweit jedes sechste Kind unter 15 Jahren arbeiten und kann deshalb keine Schule besuchen. Die meisten dieser insgesamt rund 246 Millionen Kinder leben in der Dritten Welt. Globalisierungsgegner weisen der stärkeren Integration der Entwicklungsländer in den Welthandel gerne die Schuld an dieser Entwicklung zu, insbesondere den multinationalen Unternehmen. Doch nicht Multis beschäftigen die Kinder, sondern die eigene Familie oder örtliche Kleinunternehmen. In erster Linie arbeiten die Kinder in der Landwirtschaft, daneben aber auch in gewerblichen Betrieben, im Handel oder in Hotels und Restaurants. Ihre Arbeitgeber sind meist die eigenen Eltern – die ihren Nachwuchs liebend gerne zur Schule schicken würden, es aber ihrer Armut wegen nicht können. Wer sich auf die Suche nach den Gründen für Kinderarbeit begibt, der wird nur in den seltensten Fällen bei Multis fündig werden.

Kinderarbeit hat in den Entwicklungsländern eine lange Tradition. Arme Familien sind zum Überleben immer noch auf die Arbeitskraft ihrer Kinder angewiesen. Darüber hinaus ist der Schulbesuch in vielen

Entwicklungsländern teuer. So kommt es vor, dass einige Kinder im Haushalt arbeiten, damit die Familie den Schulunterricht der Geschwister bezahlen kann. Eine rigorose Verhinderung von Kinderarbeit könnte vor diesem Hintergrund sogar zu einem paradoxen Ergebnis führen: Die Zahl der Kinder, die eine Schule besuchen, könnte abnehmen, weil die Familieneinkommen sinken.

Auch der Vergleich verschiedener Länder stützt die Annahme, dass Kinderarbeit und Armut eng miteinander zusammenhängen. In Ländern mit einem durchschnittlichen Pro-Kopf-Jahreseinkommen von mehr als 7 000 Dollar ist Kinderarbeit kaum verbreitet, stellte Eric Edmonds, Ökonom am Dartmouth College in New Hampshire, fest. Liegt das Pro-Kopf-Einkommen aber unter 1 800 Dollar, müssen in der Regel mindestens 30 Prozent der Kinder arbeiten. Der weit überwiegende Teil der Kinderarbeit geht damit weder auf den freien Welthandel noch auf die gewachsene Präsenz multinationaler Unternehmen in der Dritten Welt zurück.

Wenn es Einflüsse der Globalisierung auf Kinderarbeit gibt, dann eher indirekte: Etwa wenn die Eltern einen Job in den neu entstandenen Exportbranchen finden und so manche Arbeiten nicht mehr selbst erledigen können, die im Haushalt der Familie anfallen. Oft übernehmen dann die Kinder diese Rolle. Auch steigende Löhne für Kinderarbeit könnten dazu führen, dass die Zahl der arbeitenden Kinder anwächst. Doch solchen denkbaren Anpassungsreaktionen wirkt wiederum der Einkommensanstieg der Eltern entgegen, denn die besseren Verdienste machen Kinderarbeit leichter entbehrlich: Plötzlich reicht das Einkommen, um etwa Lebensmittel auf dem Markt zu kaufen, anstatt sie selbst anbauen zu müssen. Die Eltern können es sich eher leisten, ihre Kinder zur Schule zu schicken. Der Wohlstandseffekt der Globalisierung trägt so zur Eindämmung von Kinderarbeit bei. Beispiel Vietnam: Nach der Öffnung des Landes für die Weltmärkte stiegen die Einkünfte – gleichzeitig ging die ländliche Kinderarbeit zurück, fand die Weltbank in Zusammenarbeit mit dem vietnamesischen Amt für Statistik heraus: Die Zahl der Kinderarbeiter sank zwischen 1993 und 1998 um 25 Prozent, obwohl die Löhne für Kinderarbeit gleichzeitig stiegen.

Die Schätzungen über Kinderarbeit im Auftrag multinationaler Konzerne schwanken, aber eines ist ihnen gemein: Die Zahlen sind niedrig. 5 Prozent aller arbeitenden Kinder, so schätzt das Bundeswirtschaftsministerium, sind in der Produktion international gehandelter Waren tätig. Für einen Markt also, in dem multinationale Unternehmen vorherrschen. Die Kinderhilfsorganisation UNICEF untersuchte die Lage in 30 Entwicklungsländern. Ergebnis: Nur höchstens 3 Prozent der arbeitenden Kinder außerhalb des Familienhaushalts verdingen sich in Produktionsstätten von Multis oder von deren Zulieferern.

Die Verantwortung der Multis

Freilich ist auch diese Zahl noch zu hoch. Immer mehr Multis schreiben in Selbstverpflichtungen fest, in ihrer Produktion keine Kinderarbeit einzusetzen. Vielen Globalisierungskritikern ist das jedoch noch nicht genug. Bei einer Vielzahl verschiedener Zulieferbetriebe, mit denen die Konzerne zusammenarbeiten, seien regelmäßige und gewissenhafte Kontrollen eher die Ausnahme. In Pakistan etwa, wo Tausende Kinder mit ihrer Näharbeit dafür sorgen, dass das Land Weltmarktführer bei der Herstellung von Fußbällen ist, gibt es zwar Gesetze gegen Kinderarbeit. Doch die Behörden ignorieren die Verstöße, und viele der Unternehmen, die Pakistans Fußbälle einkaufen, sehen sich nicht imstande, die Einhaltung durchzusetzen. Schließlich gibt es immer noch andere, die weiterhin die billigeren, von Kindern handgenähten Fußbälle einkaufen. Zu viele Unternehmen gehen hier immer noch den Weg des geringsten Widerstandes – sonst könnte es die Arbeit pakistanischer Kinder für ausländische Sportartikel-Vermarkter gar nicht geben. Die Kinderarbeit, so viel steht fest, lässt sich nicht von heute auf morgen beseitigen. Die Multis, denen man so gerne die Ausbeutung der Schwächsten nachsagt, werden einiges zu ihrer Verhinderung beitragen können – und müssen.

Druck von Verbraucherseite kann helfen, diesen Prozess zu beschleunigen. Ein schlechtes Image verdirbt die Absatzchancen, ein positives verhilft Unternehmen zu größeren Spielräumen in der Preisgestaltung. Wer Gutes tut, kann es sich im Idealfall erlauben, etwas mehr für seine Produkte zu nehmen als die sozial weniger verantwortungsbewusste Konkurrenz. Aufgeklärte Verbraucher in den Industrieländern sind bereit, für Waren, die in den Entwicklungsländern unter guten Arbeitsbedingungen und frei von Kinderarbeit hergestellt werden, höhere Preise zu zahlen. Das bedeutet auch, dass sie Produkte von Herstellern meiden, die in den Verdacht geraten, es mit Menschen- oder Kinderrechten nicht so genau zu nehmen. Dies schafft auch für Hersteller und Handelsfirmen vor Ort die Chance, ihre Produkte erfolgreicher zu vermarkten – mit Hinweis auf eine sozial und ökologisch nachhaltige Herstellungsweise.

Zwar mögen manche Unternehmen sich noch immer darauf zurückziehen, dass die Verantwortung für Kinderarbeit letztlich eben doch bei anderen liegt: bei den Regierungen, bei der Konkurrenz oder bei den Eltern, die ihre Kinder nicht zur Schule schicken. Doch diese Haltung ist in Wohlstandsgesellschaften, in denen sich Konsumenten mehr und mehr ideellen Werten zuwenden, ein Auslaufmodell. Das zeigen auch Partnerschaften zwischen Zivilgesellschaft und Industrie, wie zum Beispiel jene der Kinderhilfsorganisation Terre des hommes mit dem Bekleidungshändler C & A oder dem Autobauer VW. In Tirupur, einem rasch wachsenden Zentrum der Textilindustrie im südlichen Indien, unterstützt C & A gemeinsam mit Terre des hommes eine Schule für ehemalige Kinderarbeiter. Der Konzernbetriebsrat von VW fördert seit 1999 Hilfsprojekte an seinen Standorten in Brasilien, Mexiko und Südafrika. Terre des hommes hilft bei der Auswahl und Begleitung der Projekte.

Gefährliche Verbote

Doch die meisten Kritiker sehen den einzig wirksamen Weg in einem kategorischen Nein zur Beschäftigung von Kindern. Das beste Mittel, um Kinderarbeit zurückzudrängen, seien so genannte Sozialklauseln. Sie würden in Handelsverträgen festgeschrieben und sähen etwa die Einhaltung der Kernarbeitsnormen vor, zu denen auch das Verbot von Kinderarbeit zählt. Damit wäre letzteres international leichter durchsetzbar: Staaten, denen wiederholt Verstöße gegen die Sozialklauseln nachgewiesen werden, drohen Handelssanktionen. Oder aber jenen Staaten, die sich an die Arbeitsstandards der ILO halten, würden Vorzugszölle eingeräumt. Ein solches Modell wird innerhalb der EU schon praktiziert: Entwicklungsländern, die Kernarbeitsnormen und Umweltstandards einhalten, werden seit Anfang 2002 Zollsenkungen eingeräumt, die über die allgemein gültigen Sätze hinausgehen.

So politisch und ethisch korrekt die Forderung nach Sozialklauseln klingen mag – weder den Entwicklungsländern noch den dortigen Kindern werden sie viel helfen. Die Gefahr ist groß, dass diese Klauseln die Entwicklungsländer wieder von den internationalen Märkten ausschließen. Oder dass Gewerkschaften oder Wirtschaftsverbände in den Industrieländern sie missbrauchen, um Konkurrenten loszuwerden – zum Schaden der Entwicklungsländer. Zudem bedeutet ein ersatzloses Verbot von Kinderarbeit, den betroffenen Gesellschaften einen Gutteil ihrer ökonomischen Basis zu entziehen. Ganz abgesehen davon, dass die Abwesenheit von Kinderarbeit noch lange nicht heißt, dass die Kinder eine Schule besuchen können. Ebenso denkbar ist, dass die Kinder, wenn sie von den Unternehmen entlassen werden, in Wirtschaftszweige abtauchen, die noch weniger kontrolliert sind.

Kinderarbeit in der Dritten Welt ist ein Armutsphänomen. Globalisierung ist so wenig die Ursache der Kinderarbeit, wie die Multis deren kaltblütige Profiteure sind. Im Gegenteil: Globalisierung und das Engagement multinationaler Konzerne, verbunden mit dem öffentlichen

Druck in der entwickelten Welt, sind ein Schlüssel zur Überwindung der Kinderarbeit. Die Integration in den Welthandel und der Aufbau neuer Produktionsstätten schaffen Erwerbsquellen und steigern den Wohlstand in den Entwicklungsländern. Die Abhängigkeit von den Einkünften der Kinder geht zurück. Und der Luxus einer soliden Schulbildung wird für immer breitere Bevölkerungsschichten erschwinglich.

Gezähmte Monster

Multinationale Konzerne aus Europa und Nordamerika, die in Entwicklungsländern Umwelt- und Sozialstandards unterlaufen, die Rechte der
Arbeiter mit Füßen treten, die Natur schänden und die Gewinne eilig in
ihre Heimatsitze transferieren – Globalisierungsgegner sehen in den
Unternehmen gerne profitgierige Monster, die vor allem das immense
Potenzial einer billigen, rechtlosen Arbeiterschicht im Auge haben. Die
in den strengen Auflagen der Industrieländer zuallererst ein Effizienz-
hindernis sehen, nicht überlebenswichtigen Umweltschutz. Und die
notfalls über Leichen gehen, wenn es nur den Gewinn steigert.

Diese These passt gut in das Unrechtsbewusstsein vieler Menschen,
sie lässt sich leicht transportieren und auch mit dem einen oder anderen
Beispiel belegen. Doch sie unterschlägt, dass gerade multinationale
Konzerne maßgeblichen Anteil daran haben, dass die Entwicklungsländer von der Globalisierung profitieren können. Erst dadurch, dass sie
Produktionen in diese Länder auslagern, geben sie den Menschen vor
Ort eine Chance, der Armutsspirale zu entkommen. Sie heben den
Wohlstand des Einzelnen und liefern so ihren Beitrag zur Überwindung
der Kinderarbeit. Genauso wie Eltern in der entwickelten Welt haben Eltern in der Dritten Welt das Ziel, ihren Kindern eine bessere Zukunft zu
ermöglichen. Sobald sich die Gelegenheit bietet, werden sie ihre Kinder
auf die Schule schicken. Die Grundlage dafür ist aber weder guter Wille
allein noch das Verbot von Kinderarbeit, sondern allein wirtschaftlicher
Aufstieg. Die Globalisierung eröffnet diese Chance erst.

Gleichzeitig bedeutet Globalisierung nicht allein neue Produktions-
und Absatzmöglichkeiten in aller Welt. Sie beinhaltet auch die rasante
Verbreitung von Informationen – zum Beispiel über untragbare Produktionsbedingungen in Ländern der Dritten Welt. Im globalen Dorf
setzen sich Verbraucher in Deutschland für Nigerias Ogoni ein, sanktio-
nieren Sportler die Produktionsbedingungen in mexikanischen Turn-
schuhwerken. Der öffentliche Druck lässt es oftmals gar nicht erst zu,

dass Großkonzerne oder deren Partner gegen Menschen- und Kinderrechte, Umweltschutz und Minderheitenrechte verstoßen. Die Verbraucherboykotte sind den Konzernen mahnendes Beispiel. Immer öfter bemühen sie sich um höchstmögliche Transparenz, legen sie für sich selbst höhere Richtlinien an, als sie an den Produktionsstandorten üblich sind. Damit werden die Multis zu den Exporteuren höhere Standards – als Vorbild für die Unternehmen vor Ort. Die nämlich sind oftmals die größten Missetäter.

Ohne Zweifel sind multinationale Konzerne von Natur aus weder die größten Menschenfreunde noch vorbildliche Umweltschützer und ohne Kontrolle und Verbrauchersanktionen würde es sicherlich mehr Verstöße geben. Immer stehen ökologische und soziale Ziele im Konflikt mit dem Ziel, hohe Gewinne zu erzielen. Doch im Prozess der Globalisierung nehmen die Konzerne mehr und mehr eine Vorbildfunktion ein. Für die Entwicklungsländer selbst ist das zweifellos der bessere Weg. Zwar mag sich mit international festgeschriebenen Normen – zum Beispiel in Verträgen der Welthandelsorganisation – die Abschaffung der Kinderarbeit und die Durchsetzung hoher Umweltstandards leichter durchsetzen lassen: Verstöße könnten mit Handelssanktionen geahndet werden. Doch das Risiko, dass die Sanktionen den Ärmsten mehr schaden als sie ihnen helfen, wäre hoch. Ganz abgesehen davon, dass die Gefahr des Missbrauchs bei jeder Sanktionsregelung groß ist: Konkurrenten aus der entwickelten Welt könnten Vorwürfe konstruieren, um so unliebsame Wettbewerber aus Entwicklungsländern per Sanktion auszuschalten.

Es zeigt sich, dass die Verknüpfung verschiedener Informationen – Armut in Entwicklungsländern und niedrige Löhne; Umweltkatastrophen und Ausbreitung multinationaler Konzerne; Kinderarbeit und zunehmender internationaler Handel – die Vorwürfe vieler Globalisierungsgegner maßgeblich geprägt hat. In Wirklichkeit aber steht jedes Problem für sich und hat seine eigene Ursache, die mit der Globalisierung meist direkt überhaupt nichts zu tun hat.

Irrtum Nr. 7:
Der große Finanzcrash ist unabwendbar

Aus Optimismus wurde Euphorie. Beseelt verfolgen Banker in Frankfurt, an der New Yorker Wall Street und im Financial District von London die Kurskurven ihrer Aktien. Denn Mitte der 90er Jahre kannten die Börsen nur eine Richtung. Unternehmen erwarteten steigende Gewinne, Anlageberater versprachen ihren Kunden kletternde Aktienkurse. In Asien beginne ein neues Zeitalter, hieß es. Die Wirtschaft werde dort jährlich um bis zu 10 Prozent wachsen, orakelten Wirtschaftsforscher. »Hier wird es nur einen Crash geben«, lautete ein oft zitierter Börsenslogan – »und das ist ein Crash nach oben«. »Machen Sie Ihre erste Million«, forderte ein deutsches Anlegermagazin. Und das amerikanische Zeitgeistblatt Wired stellte im Juli 1997 fest: »Wir sind Zeugen eines historischen Booms von nie gekannter Dimension. Vor uns liegen 25 Jahre Reichtum und Freiheit – haben Sie etwa ein Problem damit?«

Doch dann kam alles anders: der Boom fand ein abruptes Ende. Im Sommer 1997 stürzten die Finanzmärkte in Fernost ins Bodenlose. Asiatische Währungen waren plözlich nur noch die Hälfte wert, Aktienkurse fielen auf neue Tiefststände. Den einst so stolzen Tigerstaaten, den ökonomischen Senkrechtstartern des Jahrzehnts, drohte der Ruin. Wie Dominosteine brachte die Asienkrise eine Volkswirtschaft nach der anderen ins Wanken: zuerst Thailand, dann Südkorea, die Philippinen, Indonesien und schließlich auch die Glitzermetropolen Hongkong und Singapur. Tausende Unternehmen schlitterten in die Pleite. Millionen Menschen verloren ihre Arbeit, rund 100 Millionen fielen zurück unter die Armutsgrenze. Allein amerikanische Anleger verloren fast zwei Billionen Dollar an Aktienkapital. Seit jenem Schwarzen Freitag im Oktober 1929, als die New Yorker Börse zusammenbrach und die gesamte

Weltwirtschaft mit in die Krise riss hatte die Welt nichts Vergleichbares erlebt.

Für die Globalisierungsgegner goss die Krise Öl ins Feuer. Längst stand für sie fest, dass freie Finanzmärkte ein Werk des Teufels sind. Die Schuldigen am Desaster waren schnell ausgemacht: Die Ordnung des Weltfinanzsystems, die Milliardenströme ungehindert passieren lässt; große Investoren und Banken, die von Profitgier getrieben ihr Kapital in hochspekulative Investitionen in Schwellenländern geleitet hatten; und schließlich auch noch der Internationale Währungsfonds, der bei seiner Rettungsaktion nicht etwa die Interessen der angeschlagenen asiatischen Volkswirtschaften verfolgt habe, sondern diejenigen geschädigter ausländischer Investoren. Es sei sicher, dass sich eine solche Krise im fragilen Finanzsystem ohne Handelsbeschränkungen wiederholen und früher oder später mit dessen völligem Zusammenbruch enden werde, warnen Globalisierungsgegner heute. Doch hatte wirklich die Globalisierung die Kurse purzeln lassen?

Asienkrise: Ein Fass ohne Boden

Das Drama begann im Mai 1997. Ernüchtert berichteten die ersten Analysten aus Bangkok über halbfertige Bauprojekte, sinkende Exportquoten und die Schieflage von Unternehmen. Beinahe blind hatten sich ausländische Investoren ins Risiko gestürzt, ohne darauf zu achten, ob die aufstrebenden Volkswirtschaften in Asien die massenhafte Zufuhr an Kapital überhaupt sinnvoll verarbeiten konnten. Die Folge: eine gigantische Spekulationsblase. Denn längst standen in Hongkong genügend Hotels, gab es in Kuala Lumpur mehr Büros als Firmen und in Shanghai mehr IT-Firmen, als der Markt aufnehmen konnte. Kaum einer führte sich vor Augen, dass zwar die Produktion immens anstieg, dieser Anstieg aber nicht auf einer überlegenen Produktivitätsentwicklung beruhte, sondern schlicht auf einer historisch einmaligen Mobilisierung von Kapital. Der Aufstieg der Länder Ostasiens hatte ein atemberaubendes Tempo angenommen, das sich nicht ungebremst fortsetzen konnte. Erwirtschafteten sie 1950 noch 17 Prozent des Welthandels, waren es Mitte der 90er Jahre schon 40 Prozent. In vielen Ländern verdoppelte sich das Sozialprodukt innerhalb eines Jahrzehnts.

Zuerst zeigten sich die Folgen im thailändischen Grundstücks- und Immobilienmarkt. Der rasche Zustrom ausländischen Kapitals hatte Unternehmen mit billigen Krediten versorgt. Und diese Chance nutzten sie reichlich. Doch die Spekulanten hatten das Maß überspannt. Die erhofften Grundstücks- und Mietpreise für die zahlreichen neuen Bürobauten ließen sich nicht realisieren und die Eigentümer blieben auf gigantischen Investitionsruinen sitzen. Viele konnten Kredite nicht zurückzahlen. Erste Firmenzusammenbrüche nährten die Zweifel an der Zahlungsfähigkeit des ganzen Landes. Als ausländische Kapitalgeber ihre Gelder aus Furcht vor einer Krise zurückzogen, geriet die thailändische Währung Baht zunehmend unter Druck. Was folgte, war eine ökonomische Kettenreaktion: Durch den Verfall der eigenen Währung stieg der Wert der meist in Dollar aufgenommenen Auslandsschulden plötzlich um ein Vielfaches. Viele Unternehmen konnten ihre Schulden nicht mehr zurückzahlen.

Als Retter in höchster Not eilte schließlich der IWF herbei. Er gewährte die notwendigen Kredite, welche die asiatischen Länder benötigten, um ihre Zahlungsschwierigkeiten in den Griff zu bekommen. Im Austausch dagegen verlangte er eine rasche Liberalisierung der Finanzmärkte, niedrigere Staatsausgaben und höhere Steuern. Außerdem machte er knapperes Geld und entsprechend hohe Zinsen zur Bedingung für die Auszahlung der Kredite. Das Ziel: Der IWF wollte die Inflation bekämpfen, um Stabilität wiederherzustellen und so das Vertrauen der Anleger zurückzugewinnen. Hohe Zinsen sollten ausländische Investoren dazu bewegen, ihr Kapital in den Ländern zu belassen oder – besser noch – ihrem Geld zügig frisches Kapital hinterherzuschicken.

Doch die Rechnung des IWF ging nicht auf: Die gigantischen Beistandskredite reichten nicht aus, um die Währungen nachhaltig zu stützen und einen Umschwung herbeizuführen. Stattdessen wurden auch die neuen Gelder sofort wieder außer Landes gebracht. Sie wurden zum einen dazu benutzt, die Schulden bei ausländischen Banken zu begleichen, die private Unternehmen angehäuft hatten. Zum anderen leisteten sie der Kapitalflucht vermögender Inländer Vorschub, die die Gunst des noch immer hohen Baht-Kurses nutzten, um ihr Vermögen in Dollar zu tauschen und ins Ausland zu transferieren. Statt zu einem Zufluss ausländischen Kapitals führte der Eingriff des IWF zu einem erneuten massiven Abfluss. Während den Philippinen, Indonesien, Malaysia, Südkorea und Thailand 1996 noch ausländisches Kapital im Wert von 95 Milliarden US-Dollar zugeflossen war, kehrte sich die Richtung der Kapitalströme 1997 um. Netto wanderte Kapital in Höhe von zwölf Milliarden US-Dollar ab.

Ihren Kampf gegen die Abwertung der eigenen Währung mussten die Strategen der Bank von Thailand im Juli 1997 aufgeben und den bis dahin an den Wechselkurs des Dollars gebundenen Baht freigeben. In der Devisenschlacht um die eigenen Währungen verbrauchten Thailand, Indonesien und Südkorea fast ihre gesamten Devisenreserven. Allein Thailand verpulverte Reserven im Wert von mehr als 30 Milliarden Dollar – ohne sichtbaren Erfolg. Zwischen Sommer 1997 und Frühjahr 1998 wurden die Währungen der beteiligten Länder in Größenordnungen zwischen 35 und 50 Prozent abgewertet. Die untragbare Schuldenlast führte zu Firmenzusammenbrüchen, hoher Arbeitslosigkeit und einer schweren Rezession.

Nicht die Globalisierung und die Liberalisierung der Finanzmärkte hatten Südostasien an den Abgrund getrieben. Gerade die starre Regulierung der Finanzsysteme war einer der beiden wichtigsten Gründe für die Turbulenzen. Denn die Währungspolitik der Zentralbank im Krisenherd Thailand stand unter dem strengen Regiment der Dollarbindung. Ein frei beweglicher Baht hätte während des Wirtschaftsbooms zwangsläufig an Wert gegenüber dem Dollar gewonnen. Damit hätten Investitionen für Ausländer viel früher an Attraktivität verloren, die einströmende Flut internationalen Kapitals wäre rechtzeitig abgeebbt.

Der zweite wichtige Grund lag in den schlecht organisierten Kreditmärkten des Landes und der laxen Kreditvergabe. Beinahe blind finanzierten Banken Business-Pläne, ohne zu hinterfragen, ob die Konzepte überhaupt halten konnten, was sie versprachen. Mehr Geld bedeutet auch mehr Gewinn, hieß die Devise. Auch Korruption spielte eine entscheidende Rolle. Denn bedeutender als Sicherheiten waren bei der Kreditvergabe nicht selten Kontakte zu den Mächtigen, über die sich notfalls ein paar Millionen zusammentrommeln ließen. Und schließlich wog das internationale Finanzsystem viele Investoren in trügerischer Sicherheit: Denn sollte etwas schief gehen, konnten sie damit rechnen, dass der IWF die Länder, die in Zahlungsschwierigkeiten geraten würden, schon zur rechten Zeit durch die Bereitstellung von Beistandskrediten »herauspauken« würde, anstatt sie selbst in die Pflicht zu nehmen.

Die internationale Handelsverflechtung wirkte sich entgegen der Meinung ihrer Kritiker in der Krise stabilisierend auf die Finanzmärkte aus. Gerade die Globalisierung bewahrte sie im Jahrhundertsturm vor dem Untergang. Denn die Asienkrise hätte zu einer schweren Weltkonjunkturkrise führen können, wenn nicht die US-Wirtschaft die Nachfra-

geausfälle in Asien mit einer starken Binnennachfrage hätte ausglei-
chen können. Während die US-Exporte nach Fernost deutlich zurück-
gingen, stieg die Nachfrage in den USA deutlich an – teils sogar in den
gleichen Branchen, wie zum Beispiel der Informationstechnologie.

Tobin-Steuer: Attacke auf den globalen Wohlstand

Die internationalen Finanzmärkte haben ihr Gesicht in den letzten zwei Jahrzehnten mit der rasant steigenden Übertragungsgeschwindigkeit von Informationen grundlegend verändert. Waren die Faktoren Zeit und Raum früher die entscheidenden Variablen, als Aufträge noch per Post oder Telegraph verschickt wurden, so sind sie heute praktisch bedeutungslos. Zeit und Raum sind in der Finanzbranche kein Hindernis mehr für den Abschluss von Geschäften dort, wo sie die höchste Rendite versprechen. Die Finanzmärkte sind dem Ideal des vollkommenen Marktes ein gutes Stück näher gekommen: Information ist fast überall, für fast jeden und fast ohne Zeitverzug verfügbar.

Diese radikale Beschleunigung führte auch zu einem radikalen Anstieg des Handelsvolumens. Nach Angaben des Internationalen Währungsfonds hat sich zwischen 1990 und 1998 das Vermögen in der Hand institutioneller Investoren wie Banken und Investmentfonds auf über 30 Billionen US-Dollar verdoppelt. Das entspricht in etwa dem Umfang des jährlichen Weltbruttoinlandsprodukts. Und dieses Vermögen ruht nicht. Der weltweite Devisenhandel erreichte Ende der 90er Jahre ein geschätztes Volumen von 1,8 Billionen US-Dollar, was eine Verdreifachung innerhalb von zehn Jahren bedeutet. Das Volumen des Aktienhandels stieg im gleichen Zeitraum um 664 Prozent auf 41,2 Billionen Dollar. Demgegenüber belief sich das Wachstum des Weltbruttoinlandsprodukts zwischen 1990 und 1999 auf lediglich 40 Prozent.

Klar ist, dass sich das Verhältnis zwischen dem Waren- und Dienstleistungshandel einerseits und dem Volumen der weltweiten Kapitalbewegungen andererseits grundlegend verändert hat. Die Kritiker schließen daraus, dass sich die Finanzgeschäfte von der Realwirtschaft abgekoppelt haben. Nur noch ein kleiner Teil der Transaktionen werde von der Notwendigkeit angestoßen, die internationalen Waren- und Dienstleistungsströme zu finanzieren. Ein weitaus größerer Teil hingegen sei spekulationsgetrieben. Investoren wollten Ungleichgewichte auf

den Kapital- und Devisenmärkten und internationale Zinsunterschiede
ausnutzen, um kurzfristige Gewinne zu erzielen. Wenn der Wechselkurs zwischen Dollar und Yen in Hongkong nur für ein paar Stunden
eine Differenz von einem Prozent im Vergleich zur Börse in Tokio ausmacht, könnten Händler mit 100 Millionen Dollar Einsatz in Kürze eine
Million Dollar Gewinn erzielen. Mit der Zunahme solcher kurzfristigen
Transaktionen verliere der Finanzmarkt an Stabilität, Verlässlichkeit
und Vorhersehbarkeit. Das erhöhe die Gefahr der Destabilisierung ganzer Volkswirtschaften und die Wahrscheinlichkeit eines Zusammen-
bruchs des weltweit verflochtenen Finanzsystems.

Globalisierungsgegner wollen deshalb mit einer Tobin-Steuer Sand
ins Getriebe internationaler Finanzmärkte streuen. Ziel der 1972 von
Wirtschaftsnobelpreisträger James Tobin (1918-2002) vorgeschlagenen
Steuer ist es, die Spekulation auf den Devisenmärkten einzudämmen,
weil diese die Fähigkeit der Nationalbanken zu einer unabhängigen
Geldpolitik einschränke. Würden Devisentransaktionen bei jedem
Grenzübertritt mit einem Steuersatz zwischen 0,1 und 1 Prozent besteu-
ert, würde sich ein Großteil der Geschäfte nicht mehr rentieren. Die
Steuer träfe damit vor allem jene Vermögensbesitzer, die ihre Anlagen
kurzfristig und wiederholt umschichten, und würde sowohl die Fre-
quenz als auch das Volumen von Devisentransaktionen senken. Verhee-
rende Finanzkrisen ließen sich verhindern – so weit die Theorie. Dass
durch die Steuer zwei- oder sogar dreistellige Milliardenbeiträge eingenommen und für den Ausbau der Entwicklungshilfe verwendet werden
könnten, macht die Lösung für viele Sympathisanten noch attraktiver.

Patentrezepte wie dieses stoßen auf großen Zuspruch, weil sie so
einfach klingen. Doch bei näherer Überprüfung hält die Tobin-Steuer
nicht, was sie verspricht. Gar als idiotisch bezeichnete der Wirtschaftsnobelpreisträger Robert Mundell das Konzept. Denn es ist schlicht
falsch, dass der Devisenhandel auf die Märkte vor allem destabilisierend
einwirkt. Im Gegenteil: Ein liquider Markt mit gut informierten Devi-
senhändlern, die Währungen dann kaufen, wenn ihr Kurs unter dem
längerfristigen Durchschnitt steht, und sie dann verkaufen, wenn ihr
Kurs darüber liegt, trägt gerade dazu bei, Marktschwankungen durch

die Finanzierung von Gütergeschäften zu verhindern. Experten gehen davon aus, dass rund 80 Prozent aller Transaktionen auf den Devisenmärkten gerade nicht der Spekulation, sondern der Absicherung von Geschäften dienen. Auch diese Geschäfte und damit der gesamte Güterhandel würden durch die Tobin-Steuer belastet.

Zudem verzerrt selbst ein geringer Steuersatz auf den Devisenhandel die Effizienz der Märkte, weil er einen Keil zwischen in- und ausländische Investitionen treibt. Der internationale Güterhandel wird verteuert und die Wohlstandsgewinne aus der Globalisierung sinken. Und schließlich würde die Tobin-Steuer keine einzige Finanzkrise verhindern. Denn wenn Händler massive Wechselkursverluste in Größenordnungen von 10, 20 oder 30 Prozent befürchten, oder wie bei der Asienkrise sogar 35 bis 50 Prozent, übt eine Steuer in Höhe von einem Prozent keinerlei abschreckende Wirkung aus. Ganz abgesehen davon ergibt die Tobin-Steuer nur dann einen Sinn, wenn sie in jedem Winkel der Erde und selbst in der letzten Steueroase erhoben wird. Dass Tobins Vorschlag von den meisten Politikern abgelehnt wird, liegt aber gerade daran, dass sie die weltweite Einführung einer solchen Steuer für nicht durchsetzbar halten – insbesondere nicht gegen das Votum der USA, deren Vertreter sich strikt gegen die Steuer aussprechen.

Großinvestoren: Katalysatoren des Marktes

Immer wieder keimt die Angst auf, mächtige Investoren wie Investmentfonds könnten die Gesetze des Marktes außer Kraft setzen und über die Finanzmärkte das Schicksal ganzer Länder bestimmen. Als Beispiel wird gerne jene spektakuläre Aktion herangezogen, die den milliardenschweren Investor George Soros im Jahr 1992 mit einem Paukenschlag weltberühmt machte. Damals steckte Deutschland große Summen in den Aufbau Ost. Die Deutsche Bundesbank hielt die Leitzinsen hoch, um einer Überhitzung der Wirtschaft und inflationären Preissteigerungen vorzubeugen. Innerhalb des Europäischen Währungssystems (EWS) – dem Vorläufer der Europäischen Währungsunion – baute sich ein wirtschaftliches Ungleichgewicht auf: Großbritannien steckte in einer tiefen Rezession, während andernorts die Wirtschaft boomte. Der Druck auf das britische Pfund wurde immer stärker. Sein Kurs aber war wegen des Wechselkursmechanismus innerhalb des EWS nur in einer schmalen Bandbreite beweglich. Konnte sich Großbritannien nicht erholen, so vermutete Soros, war es nur noch eine Frage der Zeit, bis die Briten aus dem EWS aussteigen und den Wechselkurs des Pfundes freigeben würden.

Soros, der gebürtige Ungar mit US-Pass, beschloss, mit Milliardentransaktionen auf die Abwertung des Pfundes zu setzen, die dann unweigerlich folgen musste. Er baute in aller Heimlichkeit einen Kreditrahmen auf, der es ihm erlaubte, britische Pfund im Gegenwert von 15 Milliarden Dollar aufzunehmen, und übernahm in dieser Höhe Positionen in Dollar. Anschließend streute er im Markt das Gerücht, das britische Pfund werde demnächst abgewertet, und verleitete dadurch auch andere Investoren dazu, sich in großem Umfang von Pfund-Positionen zu trennen. So setzte er die Bank of England unter Zugzwang, die binnen weniger Wochen fast 50 Milliarden Dollar auf die Devisenmärkte werfen musste, um den Pfundkurs zu stützen. Doch die Intervention erwies sich als erfolglos. England schied tatsächlich, wie von Soros erwartet, aus dem EWS aus. Das Pfund fiel, und damit der Wert der Schulden, die Soros eingegangen war. Der Dollar hingegen stieg und damit der Wert seiner Dollar-Positionen. Soros erzielte mit dieser Aktion einen Gewinn von rund einer Milliarde Dollar.

Das Beispiel zeigt: Einzelne Großinvestoren wie George Soros mögen von nationalen Wirtschaftskrisen profitieren, auslösen können sie sie nicht. Denn weder die Finanzinstrumente, die Soros einsetzte, noch die Größe der Summen, die er ins Spiel brachte, waren die Ursache für den Kursverfall des Pfundes. Soros' Aktion beschleunigte lediglich den Fall des Pfundkurses auf seinen marktgerechten Wert. Der wahre Grund lag im Wechselkurssystem des EWS, in dem die Kurse nicht frei beweglich waren. Denn die Devisenmärkte durch die Bindung an starre Wechselkurse zu regulieren ist dann wenig sinnvoll, wenn die festgelegten Kurse mit der wirtschaftlichen Situation der betreffenden Länder nicht mehr vereinbar sind – und sich plötzliche Ungleichgewichte nicht im Nachhinein korrigieren lassen.

Nicht jeder Unfall wird zur Massenkarambolage

Die Investmentbanker des New Yorker Hedgefonds Long Term Capital
Management (LTCM) waren sich ihrer Sache ziemlich sicher. Ihr Plan:
Sie wollten mit hochkomplizierten Computerprogrammen die Märkte
austricksen. Programmierer hatten eine Software entwickelt, die die Finanzwelt aus unzähligen Aktien und Anleihen nach den günstigsten
Kaufgelegenheiten durchsucht. Die Programme spürten solche Papiere
auf, die sich in der Regel parallel zu anderen Werten entwickelten, zeit-
weise aber mit leichten Verzögerungen auf Marktnachrichten reagierten. Der Fonds setzte dann darauf, dass sich der Kurs wieder dem Bran-
chendurchschnitt annäherte. Auch große Banken und Investmenthäuser
glaubten an renditeträchtige Termingeschäfte mit scheinbar berechen-
barem Risiko. Die Programme wurden gehütet wie der heilige Gral, ihre
gewieften Programmierer zählten zu den bestbezahlten Mitarbeitern
der Investmentgesellschaft.

Hedgefonds wie Long Term Capital Management sind das Ergebnis li-
beralisierter Finanzmärkte. Es handelt sich um hoch spezialisierte Investmentfonds, die kaum reglementiert sind. Sie werden von der Überwachung durch die Finanzaufsichtsbehörden ausgenommen[1] und können
deshalb weit höhere Risiken eingehen als traditionelle Fonds. Die Gelder
vermögender Investoren – sechsstellige Mindesteinlagen sind keine Sel-
tenheit – legen Hedgefonds vor allem in Derivate an. Das sind Wertpapiere wie Kauf- oder Verkaufsoptionen und Termingeschäfte, mit denen Investoren auf den künftigen Kursverlauf von Aktien oder Anleihen
spekulieren können. So verschieden ihre Anlagestrategien im Einzelnen
auch sein mögen: Das Ziel der Fonds ist immer das gleiche: Sie wollen
den Wert der angelegten Gelder mehren, unabhängig davon, ob Aktien-
und Anleihenkurse steigen oder fallen. Traditionelle Investmentfonds verlieren immer dann an Wert, wenn der Kurs ihrer Wertpapiere fällt. Die
weltweit 6000 existierenden Hedgefonds hingegen können sich auch fallende Kurse zunutze machen, gehen dabei aber auch große Risiken ein.

Auch die Schweizer Großbank Union Bank Switzerland (UBS) hatte dem Fonds in großem Stil Finanzmittel bereitgestellt. Mit diesem Geld spekulierten die Fondsmanager darauf, dass die Kurse von riskanten Staatsanleihen aus Schwellenländern steigen und diejenigen von US-Papieren sinken würden. Doch als die Asienkrise im Spätsommer 1998 ihren Höhepunkt erreichte, wussten selbst die Computerprogramme nicht weiter. Die Märkte wollten sich einfach nicht an die üblichen Spielregeln halten, die Spekulationen des Fonds gingen nicht mehr auf. Als Russland dann im August 1998 überraschend die Bedienung seiner Auslandsschulden aussetzte, lief das Krisenfass über. Die internationalen Anleger trennten sich panikartig von ihren riskanten Engagements in Schwellenländern und flohen in US-Papiere. Das Gegenteil dessen, worauf die Fondsmanager gewettet hatten, war eingetreten. Sie standen schlagartig mit beinahe wertlosen Schwellenländeranleihen da. Der 200 Milliarden US-Dollar schwere Hedgefonds stand vor der Pleite.

Die Asienkrise hatte damit den Schutzwall der Dollargrenze übersprungen. Banker fürchteten, dass ein Zusammenbruch des Fonds über eine Kettenreaktion erst die beteiligten amerikanischen und europäischen Banken und Investoren, schließlich auch das gesamte Weltfinanzsystem ins Wanken bringen würde. Doch die düstere Prognose bewahrheitete sich nicht. US-Notenbankchef Alan Greenspan trommelte in einer Eilaktion die Banken zusammen, die als Kreditgeber von LTCM mit im Regen standen, und bewegte sie dazu, den Hedgefonds durch einen gemeinsamen milliardenschweren Überbrückungskredit über Wasser zu halten. Nachdem der Fonds mit Hilfe der Kredite gerettet worden war, führte er seine Geschäfte zunächst fort, ehe er im Jahr 2000 liquidiert wurde, nachdem er seine Verbindlichkeiten abgetragen hatte.

So verheerend die Verluste für seine Anleger gewesen sein mögen: Der LTCM hatte bewiesen, dass Unfälle im Finanzsystem nicht automatisch zu weltumspannenden Massenkarambolagen führen. Im Gegenteil: Es greifen internationale Schutzmechanismen, die Schlimmeres verhindern können. Denn selbst ohne die Intervention der US-Notenbank hätten die Marktkräfte den Fonds wohl stabilisiert: Als die Schwierigkeiten manifest wurden, gab es private Investoren – unter ihnen der legendäre Warren Buffett –, die bereit waren, den Fonds zu übernehmen und mit frischem Kapital auszustatten. Deren Angebot lehnten die Partner des Fonds jedoch ab, da die von Greenspan vorgeschlagene Lösung für sie günstiger ausfiel. Sie ersparte den Managern, ihre gut dotierten Posten räumen zu müssen.

Lehre aus den Schockwellen: erst entwickeln, dann öffnen

Heute ist in Asien das Schlimmste überstanden. Vieles hat in den ehemaligen Krisenländern inzwischen wieder Konjunktur, selbst die Wahrsager. Mehr als 25 Millionen Euro gaben die Bewohner der thailändischen Hauptstadt Bangkok 2002 aus, um einen kurzen Blick in die Zukunft zu werfen. In einem können die Seher Entwarnung geben: Thailand, das Land, in dem die Asienkrise 1997 losbrach, hat sich wirtschaftlich erholt. Zusammen mit Indonesien, Malaysia und Südkorea ist es auf den Wachstumspfad zurückgekehrt. Die Zuwachsraten des Bruttosozialproduktes lagen in diesen Ländern im Jahr 2002, fünf Jahre nach der Krise, bei rund 5 Prozent.

Andernorts sind die Folgen der Krise noch spürbar. Die Ökonomien von Singapur und Taiwan dümpeln noch immer dahin. In Hongkong stagniert die Wirtschaft. Die Politiker der Region tun sich schwer mit den Aufräumarbeiten. Über Jahrzehnte wuchsen ihre Volkswirtschaften beinahe von selbst. Heute müssen die einst so stolzen Tigerstaaten im Westen Klinken putzen, um wieder Investoren anzulocken. Die Spätfolgen der Krise werfen vor allem eine Frage auf: Welche Lehren lassen sich aus der Asienkrise ziehen, damit anderen aufstrebenden Regionen ein ähnlicher Rückschlag erspart bleibt?

Die Effizienz freier Märkte ist grundsätzlich unbestritten. Doch damit sie dauerhaft funktionieren können, bedarf es eines institutionellen Rahmens, der die Marktteilnehmer vor staatlicher Willkür schützt, in dem Eigentumsrechte zugewiesen und respektiert werden und in dem einmal geschlossene Verträge auch gehalten werden. Die Errichtung eines solchen Rahmens – einer demokratisch verankerten Ordnung von Wettbewerbsgesetzen und Regeln zur Bekämpfung der Korruption – braucht Zeit. Der Süden kann diese Voraussetzungen für den Globalisierungsprozess, deren Entwicklung im Norden Jahrzehnte dauerte, nicht mit einem Schlag nachholen. Statt den Wachstumsregionen Schocktherapien zu verordnen, wie es der IWF in Asien mit der Forderung nach einer raschen Liberalisierung der Finanzmärkte getan hat, sollten sich die Länder der Dritten Welt den internationalen Kapitalmärkten behutsam öffnen können. Entwicklungsländer müssen zunächst einen eigenen funktionierenden Banken- und Kreditsektor aufbauen und sich das notwendige Know-how von ausländischen Partnern holen, bevor sie sich den internationalen Finanzmärkten vollständig öffnen.

Gerade jene Entwicklungsländer, die in der Vergangenheit am schnellsten gewachsen sind – allen voran China und Indien –, haben sich keineswegs Radikalkuren unterzogen und gewähren ausländischen Investoren auf ihren Finanzmärkten keinen ungehinderten Zugang. China beispielsweise öffnet seinen Aktienmarkt nur langsam: Bis zum Jahr 2002 konnten Ausländer an den Börsen des Landes nur einige, von den einheimischen Anlegern weniger begehrte Aktien erwerben, erst danach öffnete der Staat das Segment der wichtigsten Werte für einen ausgewählten Kreis ausländischer institutioneller Investoren. Der Erwerb dieser Aktien unterliegt darüber hinaus restriktiven Bedingungen. Wer sie kauft, der muss sie mindestens ein Jahr lang halten. Zudem dürfen Ausländer zusammengenommen nicht mehr als ein Fünftel der Anteile an einem Unternehmen besitzen.

Auch den Ärmsten bringt eine überstürzte Öffnung der Kapitalmärkte wenig. Denn das, was die Entwicklungsländer am dringendsten brauchen, würden private Investoren ihnen nicht liefern: Kleinkredite für neue Unternehmen und den Ausbau der Landwirtschaft. Äthiopien, gut dreimal so groß wie Deutschland, mit rund 64,3 Millionen Einwohnern, zählt zu den ärmsten Ländern der Welt. Das Bruttosozialprodukt pro Kopf betrug im Jahr 2000 gerade mal 100 Dollar – ein Zweihundertdreißigstel des in Deutschland erwirtschafteten Wertes. Die äthiopischen Banken hatten zum Ende des Jahres 2000 Kreditforderungen an den Staat und die Privatwirtschaft in Höhe von 27,8 Millionen Birr – das entspricht etwa 3,3 Milliarden US-Dollar. Zum Vergleich: Eine einzelne deutsche Großbank wies für dasselbe Jahr ein Kreditvolumen von 332 Milliarden Dollar aus – also das Hundertfache. Länder wie Äthiopien sind für westliche Banken uninteressant, weil diese vor allem renditeträchtige Großprojekte finanzieren wollen, nicht unrentable Minigeschäfte. Auf den für Äthiopien wichtigen Kreditmärkten würde es also auch durch die Öffnung des Kapitalmarktes nicht zu einem Wettbewerb um günstige Kredite zu niedrigen Zinsen kommen. Entwicklungsländer sollten den Finanzmarkt so lange steuern, bis ein funktionierendes Banken- und Kreditwesen aufgebaut ist, um das Land vor Krisen zu schützen. Kaum eines der großen reichen Länder dieser Welt ist auf anderem Weg zu Wohlstand gelangt. Die behutsame Öffnung der Finanzmärkte muss in Entwicklungsländern allerdings mit einer raschen Öffnung der Gütermärkte für den internationalen Handel einhergehen. Denn der Wachstumsprozess der Dritten Welt kann nur mit Hilfe einer stärkeren Eigenkapitalbildung finanziert werden. Die wiederum setzt auf den internationalen Märkten erfolgreich agierende Unternehmen voraus, die ihre Gewinne reinvestieren können. Wer also von Entwicklungsländern die rasche Öffnung ihrer Märkte fordert, der muss auch vor der eigenen Haustür kehren – und darauf verzichten, inländische Industrien durch Zölle vor der Konkurrenz durch Entwicklungsländer zu schützen oder aber die Wettbewerbsfähigkeit der eigenen Wirtschaft auf den Weltmärkten durch Subventionen künstlich zu steigern.

Warum die Lektion verstanden wurde

Der von den Globalisierungsgegnern vorausgesagte Zusammenbruch des Weltfinanzsystems ist nicht mehr als düstere Zukunftsmusik. Es gibt keinen Grund, warum sich Finanzkrisen nach dem Muster der letzten Jahre in verschärfter Form wiederholen sollten. Deren fernes Rauschen hat – so zynisch das auch klingen mag – sogar eine nützliche Funktion erfüllt: Es hat Initiativen zu einer Weiterentwicklung der Weltfinanzordnung bewirkt, die deren Anfälligkeit für Krisen mindert.

Der IWF hat aus seinen Fehlern gelernt. Die Asienkrise hat die Einsicht gefördert, dass kurzfristige, auf die Stabilisierung von Zahlungsbilanz und Wechselkursen gerichtete Überbrückungskredite nicht mit der Forderung nach dem unmittelbaren Aufbau marktwirtschaftlicher Strukturen kombiniert werden dürfen. Denn dafür brauchen die Entwicklungsländer Zeit. In einer marktorientierten Entwicklungspolitik kommt es darauf an, die notwendigen Schritte in der richtigen Reihenfolge anzustoßen – erst die Schaffung des institutionellen Rahmens für Märkte, dann ihre Öffnung für den Kapitalverkehr mit dem Ausland.

Diese wachstumsfördernden Kernbedingungen auf einen Schlag umsetzen zu wollen ist unrealistisch. Der arme Süden darf deswegen in der Fortentwicklung der Weltfinanzordnung jedoch nicht ausgeklammert werden. Erfolgversprechender ist es, an dem Ziel freier Finanzmärkte festzuhalten und Entwicklungsländer in ihrem Bemühen zu unterstützen, funktionsfähige Finanzmärkte im eigenen Land aufzubauen, die eine Fehlverwendung von Kapital verhindern.

In der Schuldenpolitik sind weitere Reformen nötig. Es muss verhindert werden, dass ausländische Investoren und Banken riskante Engagements in dem Wissen eingehen, dass der IWF bei Not leidenden Krediten einspringen wird und die Kreditrisiken so de facto vergemeinschaftet. Der seit 2001 im Kreis der IWF-Mitglieder diskutierte Vorschlag, im Rahmen eines Länderinsolvenzrechts einen geordneten Entschuldungsprozess zu schaffen, der private Investoren und Kreditgeber stärker in die Verantwortung nimmt, geht in diese Richtung.

Die große Depression in den 30er Jahren, die Asienkrise, die Wirtschaftskrise in Japan – den schlimmsten Rezessionen der Geschichte gingen große Finanzkrisen voraus. Doch die Finanzmärkte auf jene spektakulären Fälle von Marktversagen reduzieren zu wollen, greift zu kurz. Selten kommt zur Sprache, dass sie für eine funktionierende Weltwirtschaft grundlegende Bedeutung haben. Die Finanzmärkte führen Kapital seinem produktivsten Einsatz zu – das Kapital von Investmentfonds kann das Wachstum von Unternehmen finanzieren und so neue Arbeitsplätze schaffen. Und wer, wenn nicht die internationalen Finanzmärkte, würde den Entwicklungsländern ermöglichen, in die eigene Infrastruktur und künftiges Wachstum zu investieren, wie den Aufbau von Verkehrswegen sowie eines funktionierenden Bildungs- und Gesundheitssystems? Es ist der freie Kapitalverkehr, der es Entwicklungsländern ermöglicht, ihren Kapitalstock schneller aufzubauen, als sie das nur mit inländischen Ersparnissen tun könnten.

Zuletzt sind internationale Finanzmärkte eben nicht nur eine Quelle der Instabilität. Sie ermöglichen Anlegern, ihr Risiko quer über den Globus zu streuen und ihr Geld in verschiedenen Regionen und Anlageformen zu investieren. Neue Finanzinstrumente wie Optionen erlauben nicht allein zahlreiche neue Formen des Spekulierens – sondern auch der Absicherung von Investitionen. Die These der Globalisierungskritiker, die zunehmende Verflechtung erhöhe allein die Störanfälligkeit der Weltwirtschaft, ist schlicht falsch. Die Asienkrise hat gezeigt, dass gerade die Globalisierung Kompensationschancen in Krisenzeiten ermöglicht.

Irrtum Nr. 8:
Der globale Standortwettbewerb zerstört die Umwelt

»Gerade eingetroffen: Möbel aus der Regenwaldplünderung«, stand auf dem Banner, das die Aktivisten der Umweltschutzorganisation Robin Wood an einem Hamburger Baumarkt aufgespannt hatten. Die Aktivisten protestierten dagegen, dass die Filiale tropische Hölzer verkaufte – unter anderem zu Klobrillen geformt. Nicht nur Robin Wood warnte in den 90er Jahren in einer groß angelegten Kampagne, wer Hölzer aus dem Regenwald kaufe, mache sich mitschuldig an der Zerstörung des Naturparadieses am Amazonas. Auch Greenpeace, der WWF und Friends of the Earth forderten weltweit zum Boykott auf. Und viele folgten. Firmen verbannten imageschädigende Mahagonitische aus den Vorstandsetagen und holten die heimische Buche ins Büro zurück. Doch der Aufruf hatte unerwünschte Folgen: Für die Menschen am Amazonas verloren die Wälder an Wert. Jahrhundertealte Bäume wurden gefällt, um lukrativeren Plantagen Platz zu machen. Jetzt bahnt sich bei den Umweltschutzorganisationen eine Kurswende an. Greenpeace und der WWF rücken vom generellen Tropenholzverzicht ab und fördern nun einen kontrollierten Verkauf, um den Schutz der Wälder zu gewährleisten.

Gegenden wie der brasilianische Bundesstaat Amazonas leben schon lange von ihren natürlichen Ressourcen. Zur Jahrhundertwende zählte die Region noch zu den reichsten der Welt. Damals befriedigten die Gummibarone Brasiliens die riesige Kautschuknachfrage in aller Welt. Doch der Brite Henry Wickman stahl den Brasilianern die Hoffnung auf einen dauerhaften Aufschwung, denn er schmuggelte einige Gummi-Pflanzen nach Europa. Fortan machte das Königreich brasilianischen Züchtern mit Plantagen in Asien Konkurrenz. Die neuen Wettbewerber und die Entwicklung des synthetischen Gummis ließen die Amazonas-Region nach 1910 in die Bedeutungslosigkeit versinken. Erst als die brasilianische Regierung 1967 beschloss, die Freihandelszone »Zona Franca de Manaus« einzurichten, blühte die Region wieder auf. Obwohl sie fernab von Kunden und Zulieferern liegt, zog die Verlockung niedriger Steuern Unternehmen aus aller Welt an und machte die Stadt so zum Profiteur der jüngsten Globalisierungswelle. Heute werden in Manaus Fernseher, Fotokopierer und Fahrräder für den Weltmarkt gebaut. Weil die Menschen Arbeit haben, sind sie nicht mehr gezwungen, Subsistenzwirtschaft zu betreiben und den Regenwald zu plündern, sagen Lokalpolitiker. Um Flora und Fauna zu erhalten, ist der Einschlag nur noch in Gebieten erlaubt, für die es einen Plan zur nachhaltigen Waldnutzung gibt.

Das Bewusstsein für die Bedeutung der natürlichen Grundlagen erschließt der Region eine weitere Einnahmequelle: Am Amazonas floriert der nachhaltige Tourismus. Hotels bieten umweltschonende Wanderungen oder Flusstouren in den Regenwald an. Ein Teil der Einnahmen aus dem Tourismus fließt zurück in Umweltschutzprojekte. So nahm Ende 2002 in Manaus das Bioamazônica seine Arbeit auf, ein Institut, das die Zusammenarbeit von Wirtschaft, Wissenschaft und Verwaltung bei der nachhaltigen Nutzung der Wälder vorantreiben soll. Die Region steht heute also für einen neuen, nachhaltigen Umgang mit natürlichen Ressourcen – und zeigt, dass die Globalisierung positive Folgen für die Umwelt haben kann.

Standortwettbewerb contra Umwelt

Ging noch in den 70er Jahren die Angst um, zur Neige gehende minera-lische Rohstoffe würden zum Engpass der Wirtschaftsentwicklung wer-den, gilt heute die Hauptsorge der Globalisierungsgegner ausgerechnet jenen Ressourcen, die bei kluger Nutzung eigentlich ewig halten würden: Wasser, fruchtbarem Boden, der Luft, Wäldern und Fischen. Doch auch wenn längst der »Schmerz der Erde zum Schmerz der Menschheit« ge-worden ist, wie das amerikanische Magazin Time schrieb, können gut ge-meinte Abkommen den Ressourcenraubbau nicht überall stoppen. Die Menschen im Regenwald mögen inzwischen vielerorts umweltschonend wirtschaften, sagen die Kritiker der Globalisierung, zu viele andere Bei-spiele aber seien schnell erzählt: Die Weltbevölkerung wächst und wächst. 24 Prozent der Säugetiere und 12 Prozent aller Vögel sind vom Aussterben bedroht. Zudem steht die Internationalisierung der Märkte aus ihrer Sicht für weltweites Wirtschaftswachstum und einen steigen-den Verbrauch natürlicher Ressourcen. Der Wettbewerb um begrenzte Ressourcen führe zwangsläufig zu deren Ausrottung. Wo die Entgren-zung voranschreite, drohe die nationale Umweltpolitik ihre Stimme zu verlieren. Marktgesetze würden zur bestimmenden politischen Formel auf dem Globus. Der globale Standortwettbewerb führe zu einer Ab-wärtsspirale im Umweltschutz, zum so genannten »race to the bottom«.

Die Brandrodung der Regenwälder in Brasilien, die Verseuchung si-birischer Flüsse und Seen, der Einsatz von Treibhausgasen in den USA – all das sind gravierende Umweltprobleme. Doch trägt daran tatsäch-lich die Globalisierung Schuld? Mitnichten. Denn der größte Feind der Umwelt hat einen ganz anderen Namen, nämlich Armut. Die Men-schen in Manaus, die heute über ausreichende Einkommensmöglich-keiten verfügen, haben früh erkannt, dass sie sich den Schatz ihrer na-türlicher Ressourcen nur selbst rauben können. Andernorts brannte es am Amazonas da noch lichterloh. Landlose Bauern rodeten jahrhun-dertealte Wälder, weil ihnen alternative Einnahmequellen fehlten. Groß-

grundbesitzer machten immer neue Flächen zu Plantagen oder Rinder-
weiden. Als die Rauchwolken über Brasilien riesige Ausmaße annahmen, schoben die Staats- und Regierungschefs der Gruppe der sieben
mächtigsten Industrienationen, der G 7, 1992 mit 350 Millionen Dollar
ein internationales Hilfsprogramm an – getrieben von der Angst, der
Regenwald im fernen Brasilien, der zu den bedeutendsten Naturreser-
vaten der Erde zählt, und nicht umsonst als deren »grüne Lunge« bezeichnet wird, könne auf ewig verschwinden. Rund 30 Prozent der grü-
nen Lunge befinden sich am Amazonas. Würden sie zerstört, hätte das
auch Auswirkungen auf die fernen Industrienationen des Nordens. Die
Hilfsaktion für den Regenwald steht auch für die positiven Effekte der
Globalisierung. Den Gesundheitszustand des Blauen Planeten können
der reiche Norden und der arme Süden nur gemeinsam verbessern. Nationale Strategien reichen nicht mehr aus, wo ökologische Probleme
Grenzen ignorieren.

Dabei ist eigentlich längst klar, was zu tun ist: Nachhaltigkeit ist
mittlerweile der Sammelbegriff für den richtigen Umgang mit der Natur – ein Begriff, der keinen Widerspruch duldet. Die Suche nach seiner
Bedeutung führt zum Sekretariat der Vereinten Nationen nach New
York. Als der Stern der Ökobewegung weltweit sank und Wirtschaftsprobleme die Belange der Umwelt in den Schatten stellten, ging es der
Organisation 1983 mit der Gründung einer Expertenkommission »Umwelt und Entwicklung« darum, ökologische Themen weltweit wiederzubeleben. Ziel der Kommission war es, einen verantwortungsbewussten
Umgang mit knappen natürlichen Ressourcen durchzusetzen. Im be-
tagten Hauptsitz am East River in Manhattan formulierte die Kommission unter Vorsitz der norwegischen Ministerpräsidentin Gro Harlem
Brundtland vier Jahre später die Kernthese ihres Abschlussberichts Unsere gemeinsame Zukunft: »Nachhaltigkeit ist eine Entwicklung, die die
Bedürfnisse der gegenwärtigen Generation deckt, ohne die Möglichkeiten der zukünftigen Generationen zu beeinflussen.« Dem konnten
1992 während des UN-Entwicklungsgipfels in Rio problemlos alle versammelten Regierungschefs zustimmen.

Ratio des Hungers

Hätte man die Hungernden in Mosambik gefragt, ob sie bereit seien, ihr Leben für die »nachhaltige Politik« ihres Landes aufzugeben – die Antwort der Armen wäre sicher anders ausgefallen als die Entscheidung ihres Präsidenten. Denn voll war in Maputo nur der Bauch der Schiffe. Mehrere tausend Tonnen Mais und Getreide warteten von August 2002 an wochenlang darauf, im Hafen der Hauptstadt gelöscht zu werden. Bestimmt waren sie für jene sechs Millionen Menschen, denen nach Schätzung der Vereinten Nationen im südlichen Afrika wegen einer katastrophalen Dürre der Hungertod drohte. Das Ausladen aber war den Spendern strengstens untersagt – so wollte es die Regierung. Der Grund: Die Hilfsgüter enthielten gentechnisch veränderte Sorten, und die wollte Präsident Joaquim Chissano nicht haben, nicht einmal geschenkt. Neben Mosambik verzichteten auch die Nachbarn Sambia und Simbabwe auf die Hilfslieferungen aus den USA. Ihre Befürchtung: Die Bauern könnten einen Teil des Getreides für die nächste Saat aufbewahren. So könnte der Gen-Mais Eingang in die Landwirtschaft finden und die Gefahr heraufbeschwören, dass sich die Genpflanzen unkontrolliert vermehren und die Biodiversität, die vielfältige Pflanzenwelt des Landes, unwiderruflich verändern. Das wiederum könnte zum unbeherrschbaren Umweltproblem werden. Die Antwort der Hungernden kam leise: Mit bloßen Händen suchten sie nach jenem Teil der Lieferung, der bereits an Land gelangt und dort vergraben worden war.

Ein aus Armut getriebener Zwang zum Überleben lässt Menschen keine Wahl zwischen umweltfreundlichem oder umweltfeindlichem Verhalten. »Armut ist das schärfste Gift für die Umwelt«, hat Indira Ghandi gesagt, und damit brachte sie das Dilemma der Hungrigen auf den Punkt. Wer arm ist, dem sind seine unmittelbaren Existenzprobleme wichtiger als ein intaktes Ökosystem; für den bedeutet Ressourcenraubbau in erster Linie die Möglichkeit zum Überleben und nicht einen Verstoß gegen das Nachhaltigkeitsprinzip. Wer aber genügend zu essen

und eine geheizte Wohnung hat, beginnt auch, sich um gesundheitsre-
levante Umweltfragen zu kümmern. In der Sprache der Ökonomen ausgedrückt: Die Nachfrage nach Umweltgütern hat eine hohe Einkom-
menselastizität. Wirtschaftliches Wachstum ist für einen nachhaltigen
Umweltschutz unerlässlich, weil erst ein höherer Lebensstandard in der
Bevölkerung das Verständnis für die Probleme des globalen Umweltschutzes steigert. »Sowohl die durchschnittliche Häufigkeit als auch die
Tiefe der Armut nehmen bei steigendem Wirtschaftswachstum ab«,
stellt die OECD in ihren Leitlinien zur Armutsbekämpfung fest.[1]

Wie reich ein Land sein muss, damit die Bevölkerung sich um Umweltfragen kümmert, haben Ökonomen der Princeton University in den
USA für das National Bureau of Economic Research in einer Studie
untersucht. Sie fanden heraus, dass die Schwelle bei einem Bruttoinlandsprodukt von etwa 8 000 Dollar pro Person und Jahr liegt – in etwa
das Niveau von Chile, Polen oder Costa Rica. Steige das Einkommen
weiter an, nehme das Bedürfnis nach einem stärkeren Umweltschutz in
allen Bereichen signifikant zu, und die Umweltstandards würden strenger. Die Forscher untersuchten die Schadstoffbelastung der Luft sowie
die Verunreinigung von Seen und Flüssen durch Schwermetalle und
Stickstoffe. Insgesamt kommen sie zu dem Schluss: »Es gibt keinen Beleg dafür, dass die Umweltqualität mit steigendem Wachstum immer
schlechter wird.«[2] Wirtschaftliches Wachstum kann also – entgegen der
These der Globalisierungsgegner – durchaus positive Effekte auf die
Umwelt haben.

Wie stark die Integration in den Welthandel hilft, die Armut abzu-
bauen, illustrieren die Beispiele China, Indien, Uganda und Vietnam.
So stieg das Bruttoinlandsprodukt Chinas in den vergangenen 10 Jahren
durchschnittlich um fast 10 Prozent. Die Armut ging im gleichen Zeitraum nach Berechnungen der Weltbank um acht Prozent zurück. In
Uganda, Indien und in Vietnam ließ sich die Armut sogar stärker zu-
rückdrängen, als das Wachstum zunahm. Die UN-Entwicklungsorgani-
sation UNDP kommt in einer Studie zu dem Ergebnis: »Kaum jemand
erkennt, wie groß die tatsächlichen Fortschritte sind. Die Armut ging
weltweit in den vergangenen 50 Jahren stärker zurück als in den 500

Jahren zuvor.« Der Anteil der hungernden Weltbevölkerung ist von 35 auf 18 Prozent zurückgegangen – bei einer gleichzeitig stark wachsenden Weltbevölkerung. In den vergangenen 30 Jahren, so stellt die OECD fest, habe sich die Lebenserwartung in den Entwicklungsländern um mehr als 20 Jahre erhöht – von 41 auf 62 Jahre. Die Kindersterblichkeiten wurden um die Hälfte reduziert und die Grundschulbesuchsraten haben sich verdoppelt. Der Anteil der Familien in ländlichen Gebieten mit Zugang zu hygienisch unbedenklichem Wasser ist von zehn Prozent auf über 70 Prozent gestiegen. Gleichwohl bleiben gewaltige Herausforderungen: In Entwicklungsländern leiden noch immer 1,1 Milliarden Menschen unter extremer Armut. Jedem Dritten ist es verwehrt, die ersten fünf Schuljahre abzuschließen – das erforderliche Minimum, um über elementare Grundqualifikationen zu verfügen. Von zwölf Kindern, die derzeit in Entwicklungsländern geboren werden, wird eines an Unterernährung oder Aids sterben, bevor es 12 Jahre alt ist.

Als wichtigste Voraussetzung dafür, dass das Ökosystem des Globus nicht ernsthaft in Gefahr gerät, gilt die Stabilisierung der Weltbevölkerung. Heute leben mehr als sechs Milliarden Menschen auf der Erde. Die Vereinten Nationen prognostizieren, dass die Weltbevölkerung bis zum Jahr 2025 auf etwa acht Milliarden und bis zum Jahr 2050 auf rund 9,3 Milliarden steigen wird. Diese Prognosen sind dabei schon um einiges niedriger als frühere für die gleichen Zeiträume, denn das Wachstum schwächt sich ab. Rund 97 Prozent des geschätzten Bevölkerungswachstums in den kommenden 20 Jahren entfallen auf die Entwicklungsländer, schätzt die OECD. Auch hier kann wirtschaftliches Wachstum über Umwege Gutes für die Umwelt tun. Weil es in Entwicklungsländern an Rechts- und Vorsorgesicherheit fehlt und Privateigentum häufig nicht vorhanden ist, bleibt den Menschen nur, finanzielle Sicherheit durch eine große Familie zu schaffen. Die Vereinten Nationen weisen darauf hin, dass die Weltbevölkerung sich auf humane Weise nur stabilisieren lässt, wenn der materielle Lebensstandard in den Ländern der Dritten Welt erheblich steigt. Denn die Bevölkerungsstatistik macht deutlich, dass eine enge Beziehung zwischen wachsenden Lebensstandards und sinkenden Geburtenraten besteht. Während das Bevölkerungswachstum in den vergangenen 20 Jahren in Asien, wo der Lebensstandard am deutlichsten zugenommen hat, stark zurückgegangen ist, ist es in Afrika gestiegen oder verharrte auf hohem Niveau. Dort stagnierte der Lebensstandard im gleichen Zeitraum. Bis zum Ende dieses Jahrhunderts aber, so schätzt die Weltbank, werde das Bevölkerungswachstum durch steigende Lebensstandards bei rund zehn Milliarden Menschen Halt machen. Ein stabilisierender Faktor: die Globalisierung.

Umweltverschmutzung – ein Exportgut der reichen Länder?

Für Globalisierungsgegner steht fest, dass der internationale Handel zum Export von Umweltverschmutzung aus reichen in arme Länder führt. Der Grund: Unternehmen könnten vor den strengen Umweltvorschriften des Nordens fliehen und Produktionsstätten dort errichten, wo Regierungen weit weniger streng mit Umweltsündern umgehen. Das werde bei gleicher Produktion zu einem deutlichen Anstieg der Schadstoffemissionen führen, argumentieren die Kritiker. Doch die Globalisierung straft ihre Kritiker Lügen. Denn bislang hat sie nicht zur Bildung von bedeutenden »Pollution Havens« geführt, von Regionen also, die Fabriken mit laxen Vorschriften anziehen und so zu Zentren der Umweltverschmutzung werden.[3]

Zwar ist die Dritte Welt seit 1980 zu einem nicht unbedeutenden Industriestandort geworden. Damit ging auch eine Zunahme der Produktion in umweltverschmutzungsintensiven Branchen einher, wie zum Beispiel der Chemieindustrie.[4] Diese Produktion aber war nicht für den internationalen Handel bestimmt und nicht das Resultat der Globalisierung, sondern bediente in erster Linie die heimische Nachfrage. Entsprechend ist der Anteil der Entwicklungsländer am Export verschmutzungsintensiver Güter seit 1980 konstant geblieben. Zudem fällt ihre Ökobilanz eindeutig positiv aus: Die Exporte der Entwicklungsländer sind weit weniger verschmutzungsintensiv als ihre Importe. Auch die Statistik der Auslandsinvestitionen deutet nicht darauf hin, dass reiche Nationen umweltschädigende Produktionen in arme verlagern würden. Nur 5 Prozent der Direktinvestitionen in armen Ländern flossen in verschmutzungsintensive Industrien. In reichen Ländern sind es dagegen 24 Prozent.[5] Und während die Investitionen von US-Unternehmen im Ausland im Bereich umweltfreundlicher Industrien am stärksten wuchsen, nahmen Investitionen ausländischer Unternehmen in den USA gerade in Branchen mit qualmenden Schloten am schnellsten zu. Entwickelte Länder sind trotz Globalisierung der wichtigste Standort für die

Hersteller von verschmutzungsintensiven Gütern geblieben und das, obwohl ihre umweltpolitischen Richtlinien in vielen Bereichen strenger sind als die der Entwicklungsländer.[6] Von einer rasanten Abwärtsspirale der Umweltstandards kann also keine Rede sein. Was aber verhindert ein »race to the bottom«?

Die Antwort liegt im ökonomischen Kalkül der Unternehmen. Denn bei der Standortentscheidung spielen die Kosten des Umweltschutzes nur eine untergeordnete Rolle. Die Ausgaben für die Senkung von Schadstoffemissionen liegen in reichen Ländern im Durchschnitt bei einem Prozent der Produktionskosten. Die Ersparnis wäre also bei einem Umzug in Entwicklungsländer gering. Viele multinationale Konzerne, die in Ländern der Dritten Welt produzieren, leisten sich dort eigene globale Umweltstandards, die meist deutlich über den Vorgaben der lokalen Regierungen liegen. Sie schöpfen mögliche Kostenvorteile also gar nicht voll aus. Die Produktionsverlagerung aus der Ersten in die Dritte Welt lohnt sich vor allem deshalb, weil die Entlohnung des Faktors Arbeit deutlich unter dem Niveau der Industrieländer liegt. So haben Entwicklungsländer ihren Anteil an der Produktion arbeitsintensiver Güter deutlich ausgebaut, während sich ihr Anteil an der Produktion verschmutzungsintensiver Güter kaum verändert hat.

Viel bedrohlicher als der internationale Standortwettbewerb wirken sich für den Umweltschutz in Entwicklungsländern die Defizite der nationalen Bürokratien aus. Oft behindern Korruption und Vetternwirtschaft, der Mangel an öffentlichen Einnahmen und fehlende Fachkenntnis die Durchsetzung von Umweltschutzvorschriften. Dass Länder deshalb zu internationalen Schwerpunkten der Umweltverschmutzung werden, ist zwar unwahrscheinlich, denn international agierende Konzerne, die auf dem Weltmarkt bestehen wollen, brauchen eine funktionierende Infrastruktur und durchsetzungsfähige Behörden. Die vorhandene lokale Industrie jedoch wird die Umwelt deutlich stärker schädigen, als es nötig wäre.[7] Entscheidende Voraussetzung für eine effiziente Umweltpolitik ist ein politisches System, das auf Verstöße gegen Vorschriften reagiert. Demokratische Regierungssysteme machen es am wahrscheinlichsten, dass Umweltvorschriften zum Wohle der Bevölkerung ausgelegt und überwacht werden. Und wenn ein afrikanischer Despot in seinem Land mehr Demokratie zulässt, dann ist die Wahrscheinlichkeit groß, dass die Globalisierung diesen Demokratisierungsprozess angestoßen hat. Auch hier hat der freie Welthandel eine wichtige Funktion zum Erhalt natürlicher Ressourcen.

Grüne Geschäfte

Zu den weltweiten Vordenkern in der Umweltökonomie zählt das Cen-
tre for Social and Economic Research on the Global Environment
(CSERGE) in London. Dieser Think Tank für globalen Umweltschutz
wird von der britischen Regierung finanziert und ist dem Londoner
University College angegliedert. »Use it or lose it«, heißt die Devise der
CSERGE-Experten – »Nutze die Umwelt, oder du verlierst sie«. Der Na-
turschutz, der auf Verbote basiere, habe in weiten Teilen der Welt ausge-
dient, weil sich der Wert eingezäunten Landes nur den Umweltschützern im reichen Norden erschließt, nicht aber den rund 30 Prozent der
Weltbevölkerung, die noch immer direkt von der Natur – von Fischen,
Pflanzen oder Wildtieren – leben, heißt es in einem Gutachten für die
Vereinten Nationen. Ihre Botschaft: Zahlen sich Naturressourcen nicht
in barer Münze aus, gehen sie vor die Hunde.

Ein Beispiel macht deutlich, was Wissenschaftler darunter verste-
hen: In Namibia wurden 1967 die Besitz- und Verfügungsrechte über
Wildtiere an Privatleute übertragen. Bis dahin hatte die Bevölkerung
Gnus, Antilopen und Zebras nach Kräften gejagt. Nun wurden Wildtiere für die Farmer zu wandelnden Wertanlagen, die gehegt und gepflegt
wurden. Statt sie auszurotten, entwickelte man mit dem so genannten
Game-Ranching eine Form der extensiven Nutzung frei lebender Tiere.
Dabei werden unter Kontrolle nur höchstens so viele Tiere gejagt, wie
in jüngeren Generationen nachwachsen. Die Folge war eine deutliche
Vermehrung der Tiere. Bis 1992 nahmen die Wildbestände auf priva-
tem Farmland um über 70 Prozent zu. Dagegen gerieten die bestehenden Reservate und Nationalparks unter Druck, denn es wächst in der
Bevölkerung der Bedarf an Fleisch, Holz und Land. Klassisches Natio-
nalparkmanagement vernachlässige die Bedürfnisse der Bevölkerung,
warnt das CSERGE. Der Verlust ihres Lebensraums macht Tieren zu
schaffen, nicht primär die Wilderei. Verwandelt sich Wald in Monokul-
turen oder Rinderfarmen, geht die Vielfalt verloren. Lässt sich aber der

vorhandene Naturraum wirtschaftlich nutzen, bewahrt ihn die Bevölkerung als Einnahmequelle: die Tiere überleben. In weiten Teilen der Wirtschaftswissenschaft hat sich die Erkenntnis durchgesetzt, dass nicht zu viel Marktwirtschaft der Umwelt schade, sondern zu wenig. Denn bislang sind die Nutzungs- und Eigentumsrechte an der Natur nicht ausreichend definiert. Wer sie nutzt oder beschädigt, wird bisher selten dazu gezwungen, dafür auch zu bezahlen. Die Globalisierung könnte das ändern.

Längst sieht die internationale Staatengemeinschaft die finanziellen Anreize von Marktlösungen als wichtigen Schlüssel zur Bekämpfung des Welt-Klima-Problems. Die Privatisierung von Nutzungsrechten an der Natur zählt zu den zentralen Elementen des Kyoto-Vertrages. Bis zum Jahr 2008 soll ein internationaler Handel mit Zertifikaten für CO_2-Emissionen beginnen. Unternehmen werden dann um ein Gut bieten, das bislang umsonst war: das Recht, Treibhausgase in die Luft zu blasen. Auch auf diesem Markt sollen Angebot und Nachfrage den Preis bestimmen. Die Weltbank sagt voraus, dass der Handel mit den Zertifikaten für die Treibhausgase Kohlendioxid (CO_2) oder Methan (CH_4) schon 2005 weltweit ein Volumen von zehn Milliarden Dollar haben könnte – wenn alle Staaten dem 1997 beschlossenen Kyoto-Protokoll folgen.

»Das neue grüne Spiel« werde womöglich eines Tages zum größten Warenmarkt der Welt überhaupt werden, mutmaßte das US-Magazin Newsweek bereits. Schon jetzt bereiten sich Broker, Banken und Börsen darauf vor, darunter die Chicago Board of Trade, die International Petroleum Exchange in London und auch die Deutsche Börse in Frankfurt. Weltweit rund 60 Milliarden Dollar könne der Handel mit allen Treibhausgasen einmal betragen, schätzt die Deutsche Bank. Bis 2012 müssen die Industriestaaten den CO_2-Ausstoß im Durchschnitt um 5,2 Prozent gegenüber dem Vergleichsjahr 1990 drosseln. Einige Kyoto-Unterzeichner experimentieren bereits mit dem Zertifikate-Modell. So teilt die dänische Regierung ihren Kraftwerksbetreibern seit 1999 jährlich sinkende, handelbare Verschmutzungsrechte für den Ausstoß von CO_2 zu. Wer gegen die Emissionsgrenzen verstößt, wird mit Bußgeldern bestraft. Die Briten starteten den Handel im Frühjahr 2002 auf freiwilliger Basis. Unternehmen, die am Handel teilnehmen und Emissionsgrenzen einhalten, werden weitgehend von einer neu eingeführten Klimaschutzsteuer befreit. Das System ist unter Wissenschaftlern bereits seit mehr als 20 Jahren als »cap and trade« bekannt: deckeln und handeln. Deckeln, weil der Staat ein genau festgelegtes Maximum an Verschmutzungsrechten zuteilt und damit das ökologische Ziel vorgibt. Handeln, weil die Lizenznehmer ihre Rechte verkaufen können und ihnen der Weg zum festgelegten Ziel damit freisteht. Es bleibt den Unternehmen überlassen, ob sie in neue Reinigungsanlagen investieren oder zusätzliche Verschmutzungsrechte auf dem Markt hinzukaufen.

Die positiven Auswirkungen auf den globalen Umweltschutz zeigen sich schon heute auf regionaler Ebene: Als eines der prominentesten Beispiele für die Nutzung von Zertifikatssystemen gilt das so genannte Reclaim-Programm (Regional Clean Air Incentive Mechanism) in Kalifornien, das zeigt, dass Marktlösungen zur effizienteren Nutzung der Ressource Umwelt führen können. Das Programm soll den Ausstoß von Stickoxid und Schwefeloxid im Raum Los Angeles reduzieren und schließt sich an die langjährige Umweltpolitik der USA an, Grenzwerte für die Emission von Schadstoffen kontinuierlich zu senken. Als klar wurde, dass dieses Verfahren zu hohen Vermeidungskosten für Unternehmen führt, entschloss man sich, so genannte Emissionszertifikate einzuführen. Alle Unternehmen mit schadstoffintensiver Produktion, die an dem Projekt teilnehmen mussten, erhielten 1995 eine Anfangsausstattung mit Zertifikaten, die ihrem durchschnittlichen Emissionsvolumen der vergangenen Jahre entsprach. Zudem bekamen die Unternehmen Zertifikate für alle Jahre bis 2010. Allerdings nahm ihr Volumen jährlich um 7 bis 10 Prozent ab. Aus dieser Verteilung ergibt sich die Verpflichtung, die Schadstoffe in jedem Jahr um eben diesen Prozentsatz zu senken. Den Unternehmen bleibt jedoch eine Vermeidungsstrategie zur Senkung der Emissionen, weil das Reclaim-Programm den Handel mit Zertifikaten ermöglicht. Ein Unternehmen, das seine Emissionen zu niedrigen Kosten senken kann, wird seinen Schadstoffausstoß deutlicher senken als nötig – mit dem Ziel, die nicht benötigten Zertifikate auf den regelmäßig stattfindenden Auktionen zu verkaufen. Umgekehrt kann eine Firma mit hohen Vermeidungskosten zusätzliche Zertifikate kaufen. Diese Handelsmöglichkeit gilt auch für Zertifikate, die erst in der Zukunft gültig werden. Kommen neue Unternehmen hinzu, erhalten sie keine Erstausstattung, sondern müssen sich die »Emissionserlaubnis« in Form von Zertifikaten von anderen Unternehmen kaufen.

Vor der Küste Alaskas regelt die US-Regierung mit einem Cap-and-Trade-Programm auch die Bewirtschaftung der Heilbuttbestände. Um die bedrohten Fischschwärme vor der Ausrottung zu schützen, hatten die Behörden zunächst nur eine Fangquote verhängt. Weil die Quote aber nicht den einzelnen Fischern zugeteilt war, startete ein heilloser Wettkampf um die Meeresressource. Jeder wollte sich einen möglichst großen Anteil sichern. Schließlich schrumpfte die Fischereisaison auf ganze zwei Tage. 48 Stunden reichten aus, um die gesamte freigegebene Fischmenge zu fangen, und zwar bei jedem Wetter. Deshalb gab es Tote, havarierte Fischerboote und fast ganzjährig keinen Frischfisch. Weil das Angebot zudem an den beiden Fischereitagen immens war, rutschten zu allem Übel auch noch die Preise in den Keller. Erst nachdem die Behörden mehr als tausend einzelnen Fischern individuelle Fangquoten zugeteilt und ihnen erlaubt hatten, diese Quoten untereinander zu handeln, besserte sich die Lage. Schon im ersten Jahr der neuen Regelung konnte die Fangsaison wieder auf acht Monate ausgeweitet werden.

In den Augen von Globalisierungskritikern soll hier der Teufel mit dem Beelzebub ausgetrieben werden. Marktlösungen seien für einen wirksamen Umweltschutz wenig geeignet. Die Umweltpolitik müsse unter die Räder kommen, weil sie im grenzenlosen Markt schlicht keine Stimme mehr habe. Doch diese Argumentation entbehrt jeder Grundlage. Denn dem Staat kommt auch bei ökonomischen Anreizsystemen wie dem Zertifikatemarkt eine wichtige Überwachungsfunktion zu. Großkonzerne müssen ihre Anlagen mit automatischen Emissionsmessern kontrollieren lassen. Kleinere Unternehmen werden regelmäßigen Kontrollen unterzogen. Wer gegen die Auflagen des Emissionshandels verstößt, muss innerhalb von bestimmten Fristen die nötigen Zertifikate nachkaufen. Wiederholte oder dauerhafte Verstöße werden mit Geldstrafen geahndet. Gleiches gilt auch für die Quotenmodelle in der Fischerei.

Globale Quoten- und Zertifikatesysteme sorgen nicht nur dafür, dass die Umwelt weniger belastet wird. Sie ermöglichen zudem effiziente Lösungen nach Marktgesichtspunkten. Denn die Emissionen werden anders als bei einer Absenkung der Grenzwerte über alle Unternehmen dort reduziert, wo dies zu den niedrigsten Kosten möglich ist. Das könnte Unternehmen dazu motivieren, in effizientere Kraftwerke zu investieren und sauberere Produktionsverfahren zu entwickeln. Nach Anfangsschwierigkeiten hat der Zertifikatehandel in Kalifornien mit der immer stärkeren Absenkung der Grenzwerte inzwischen deutlich zugenommen. Es haben sich so genannte Broker etabliert, die sich auf den börsenähnlichen Handel spezialisiert haben. Eine fehlerfreie Lösung bietet allerdings auch der Emissionshandel nicht. Länder wie Russland oder die Ukraine könnten bei einer globalen Erstausstattung gewaltige Mengen an Emissionszertifikaten verkaufen, weil sie durch den Einbruch ihrer Volkswirtschaften schon heute bis zu 30 Prozent weniger CO_2 ausstoßen, als ihnen das Abkommen von Kyoto erlaubt. Kritiker befürchten deshalb, dass sich große und finanzkräftige Umweltsünder auf diese Weise billig mit jenen Zertifikaten eindecken und sich um den Klimaschutz drücken könnten.

Preis des Handelns

Viele Umweltprobleme rufen geradezu nach globalen Lösungen. Wenn Schnittblumen aus Bolivien zuerst zur Großhandelsversteigerung nach Amsterdam und dann für den Endkundenverkauf rund um den Globus geflogen werden; wenn Krabben aus der Nordsee den Umweg über Marokko nehmen, um anschließend ausgepult in Hamburger Fischtheken zu landen, und wenn Schweinehälften über die Alpen reisen, um als italienischer Schinken zurück nach Deutschland zu kommen, wird deutlich, dass auch der internationale Handel reformbedürftig ist. Ökonomien bestehen nicht nur aus dem Wettbewerb, sondern auch aus seinen Rahmenbedingungen. Der Markt kommt im Rahmen von Gesetzen und Vorschriften zu einer effizienten Lösung, und existieren falsche Rahmenbedingungen, so optimiert der Markt negative Ergebnisse. Um zu verhindern, dass Gütertransporte mit zweifelhafter Notwendigkeit die Umwelt belasten, müssten entsprechende Rahmenbedingungen ihnen einen Riegel vorschieben. Bislang deckt der Preis für Transporte zwar die reinen Logistikkosten, den Preis für die Zerstörung der Umwelt – eines Gutes, das allen Menschen gleichermaßen gehört – decken die Auftraggeber jedoch nicht. Dem Bemühen, die Kosten der Umweltverschmutzung in die Preise von Gütern zu integrieren, wird eine immer höhere Bedeutung zukommen.

Ihren Namen verdankt die »Küste des Todes« jenen zahlreichen Schiffen, die in den vergangenen Jahrhunderten an den gefährlichen Klippen der spanischen Region Galizien zerschellt waren. Mit dem Sinken des Öltankers Prestige im November 2002, rund 270 Kilometer vor dem Festland, erhielt der Name eine erschreckende neue Bedeutung. Tiere kämpften in den aus dem Schiffsrumpf ausgetretenen Ölmassen ums Überleben, viele Fischer und die vom Tourismus abhängigen Unternehmen mussten um ihre Existenz bangen. Neben der ökologischen bahnte sich auch eine ökonomische Katastrophe an. Die Kosten für die Reinigung von Strand und Wasser sowie die Schäden durch den Verdienstausfall für Fischer und Fremdenverkehr schätzen Umweltschutzorganisationen auf mehrere Milliarden Euro. Eine derart hohe Entschädigung aber lässt die europäische Gesetzgebung für die Verursacher von Umweltverschmutzungen nicht zu. So mussten die Betreiber des 1999 vor der bretonischen Küste im Sturm auseinander gebrochenen Tankers Erika – der wie die Prestige rund 20 000 Tonnen Schweröl verloren hatte – trotz geschätzter Milliardenschäden nur rund 40 Millionen Euro an Wiedergutmachung zahlen.

Die Verursacher von Umweltkatastrophen sind in vielen Fällen bislang nicht ausreichend dazu verpflichtet, die kompletten Kosten ihres Handelns zu tragen. Zu wenig Marktwirtschaft schadet in diesem Fall also der Umwelt. Das internationale Haftungsrecht gehört deshalb zu den grundlegenden Reformaufgaben für eine globalisierte Welt. Wenn Firmen durch strengere Gesetze zur Verantwortung gezogen werden können, bietet das einen Anreiz, gefährliche Verschmutzung zu reduzieren und beispielsweise die Gefahr von Unfällen zu minimieren. Damit das Umwelthaftungsrecht die gewünschte Wirkung entfalten kann, muss es neu gestaltet werden. Bislang gilt meist die so genannte Verschuldenshaftung. Ein Unternehmen braucht nach diesem Prinzip dann nicht für entstandene Schäden haften, wenn es zwar Umweltprobleme verursacht, aber alle vorgeschriebenen Sicherheitsstandards eingehalten hat. Immer lauter wird nun die Forderung, weltweit das Prinzip der Gefährdungshaftung einzuführen. Der Verursacher von Umweltschäden haftet grundsätzlich, wenn ein Schaden eingetreten ist, der auf seine Tätigkeit zurückzuführen ist. Selbst dann, wenn er ihn nicht vorsätzlich oder fahrlässig verursacht hat. Das könnte dazu führen, dass mögliche Schadenersatzkosten bereits in die Kalkulation bei der Produktion von Gütern eingehen. Produktions- wie Transportmethoden würden verändert oder die Herstellung eingeschränkt. Eine Reederei müsste sich also entsprechend versichern, um die Folgen einer Tankerkatastrophe wie im Fall Prestige tragen zu können. In diesem Fall wird zum einen eine Versicherung Mindestanforderungen für den Umgang mit der Gefahr stellen. Das wird das Risiko eines Unfalls

weiter minimieren. Zum anderen wird der Reeder die Versicherungs-
summe in seine Preiskalkulation einbeziehen. Die Gefährdung der
Umwelt bekommt ihren Preis.

Das Trittbrettfahrer-Problem

Globale Probleme brauchen globale Lösungen – solche wie das internationale Klimaschutzabkommen, die Agenda 21 oder die Vereinbarungen
über den Fischfang in internationalen Gewässern. Diese Abkommen
sollen die Spielregeln für den Umgang mit weltweit knappen
Ressourcen strenger gestalten, doch sie sind permanent von Spielver-
derbern bedroht. Es zeigt sich: Nicht die Globalisierung, sondern vielmehr nationale Alleingänge gefährden die weltweiten Umweltschutzvorschriften. Und auf eine sehr spezielle Art sind diese Abkommen
tatsächlich geeignet, einen Wettlauf nach unten, ein »race to the bottom«, auszulösen.

Die Nutznießer der Abkommen sitzen überall und nirgends. Der
Umweltschutz-Beitrag eines einzelnen Landes, das weniger Treibhausgase produziert oder den Fischfang einschränkt, ist in den meisten Fällen nur marginal. Gleichzeitig sind die Einbußen mitunter groß, die der
Wirtschaft durch Einhaltung der Abmachung entstehen. In Kanada
liegen ganze Fischerdörfer brach, weil der Fischfang nur noch in strengen Grenzen erlaubt ist. In Industrieländern fürchten Schwerindustrien
ernsthafte Wettbewerbsnachteile durch neue Umweltvorschriften. Luft-
fahrtunternehmen sorgen sich, die Welt könnte sich tatsächlich eines
Tages auf eine Kerosinbesteuerung einigen und so das umweltbelasten-
de Fliegen verteuern.

Gleichzeitig wächst der Anreiz, sich wie ein Trittbrettfahrer zu verhalten: Wenn die anderen Staaten sich an die Abmachungen halten und
ihren Beitrag leisten, ist der eigene verzichtbar, mag sich eine Regierung
denken – und aus dem Abkommen aussteigen. Ein bemerkenswertes
Beispiel lieferte US-Präsident George W. Bush, als er im März 2001 vom
bereits unterzeichneten Kyoto-Protokoll zurücktrat. Die ökonomischen
Folgen, so untermauerte das wirtschaftsnahe American Council for Capital Formation, seien für den Kohlendioxid-Staat Nummer eins nicht
tragbar – der Klimaschutz koste die USA auf Jahre gesehen 2 bis 4 Pro-

zent Wachstum, rechnete die Vereinigung im Dezember 2000 vor – zwischen 100 und 400 Milliarden Dollar. Die US-Regierung stieg aus dem Abkommen zugunsten eines »eigenen Weges« aus. Sie will nun viele neue Wälder anpflanzen.

Aus Sicht der USA mag dieses Verhalten rational sein. Denn im globalen Markt, in dem sie vor allem mit Industrien aus Europa und Japan konkurrieren, ist der Verzicht auf neue Restriktionen ein Wettbewerbsvorteil. Im selben Maße wächst aber auch in den anderen Ländern der Widerstand gegen die einmal vereinbarten Regeln. Warum sollten sie ehrgeizige Umweltziele verfolgen, während andere untätig bleiben? Sobald nur ein einziges größeres Land als Trittbrettfahrer von den Leistungen der anderen profitieren will, ohne sich selbst zu beteiligen, ist jedes anspruchsvolle Vorhaben in größter Gefahr. Ein globaler Ordnungsrahmen kann so nicht entstehen – es sei denn, es gibt Sanktionen gegen die Trittbrettfahrer. Doch diejenigen, die der Globalisierung die Schuld an solchen Entwicklungen zuschieben, irren. Ganz im Gegenteil versetzt die Globalisierung die Welt erst in die Lage, einen solchen Ordnungsrahmen zu entwerfen. Und die zunehmende Vernetzung der Staaten, die wachsende wechselseitige Abhängigkeit, hilft ihn durchzusetzen.

Ressourcenschonendes Wachstum

In der Diskussion um die Globalisierung wird gern übersehen, dass gerade der von ihr angestoßene technologische und wirtschaftliche Austausch in den vergangenen Jahrzehnten zu einem schonenderen Einsatz natürlicher Ressourcen geführt hat. Eine umfassende Energiebilanz, die den gesamtwirtschaftlichen Verbrauch von Gas, Öl, Fernwärme, festen Brennstoffen und Strom dokumentiert, zeigt: Die Energie-Intensität sinkt in Deutschland seit Beginn der 90er Jahre merklich. Etwa 1,7 Prozent können jedes Jahr eingespart werden. Zur Herstellung einer Kilowattstunde Strom braucht man heute in Wärmekraftwerken etwa 350 Gramm Brennstoffe, in den 50er Jahren war es noch das Doppelte. Energie wird nicht nur effizienter produziert, sie wird auch effizienter eingesetzt. So sank der Absatz von Benzin im Jahr 2000 um 2,8 Prozent, obwohl insgesamt mehr Kilometer zurückgelegt wurden – weil Autos immer weniger Benzin verbrauchen. Bei vergleichbaren Maßen fassen Kühlschränke heute 40 Liter mehr Inhalt, verbrauchen aber etwa 30 Prozent weniger Strom.

Die Internationalisierung des Handels ist nicht per se schlecht für die Umwelt. Denn nicht die Globalisierung, sondern vielmehr die Armut ist der größte Feind einer nachhaltigen Nutzung der Natur. Eine Abkehr vom ökonomischen Wachstumsprinzip, wie es der Club of Rome vor rund 30 Jahren in seiner Studie Die Grenzen des Wachstums forderte, ist bei realistischer Betrachtung der ökonomischen Verhältnisse in Entwicklungsländern derzeit nicht machbar. Wie, wenn nicht durch wirtschaftliches Wachstum, sollte sich die Schere zwischen dem reichen Norden mit einem Bruttosozialprodukt von 20 000 bis 25 000 Dollar pro Kopf und dem armen Süden mit einem BIP pro Kopf von 1 000 Dollar schließen? Auch im reichen Norden wären die Folgen gravierend. Die europäischen Sozialsysteme ließen sich nicht mehr aufrechterhalten: die Finanzierbarkeit von Renten- und Sozialversicherungssystemen baut auf anhaltendem Wirtschaftswachstum auf. Angesichts einer ständig wachsenden Produktivität würde der Verzicht auf Wachstum auch den Verzicht auf Millionen von Jobs bedeuten. Eine realistische Strategie zur Lösung globaler Umweltprobleme kommt nicht umhin, mit dem Prinzip des Wachstums zu arbeiten.

Gestaltung ist gefragt. Zweifellos sind Umweltprobleme nur schwer zu bekämpfen, wenn sie wie die Luftverschmutzung, der illegale Handel mit Naturprodukten oder der Ressourcenraubbau nationale Grenzen überschreiten. Nicht eine Abwärtsspirale der Umweltstandards im globalen Wettbewerb gefährdet in Entwicklungsländern das Wirtschaften nach dem Prinzip der Nachhaltigkeit, sondern die mangelnde Durchsetzungsfähigkeit nationaler Bürokratien. Nicht zu viel Marktwirtschaft führt zu einem fahrlässigen Umgang mit natürlichen Ressourcen, sondern zu wenig. Die Globalisierung hat im Gegenteil sogar das Potenzial, segensreiche Wirkungen zu entfalten. Die Beispiele der Privatisierung von Umweltgütern in Namibia, die Quotierung von Ressourcen in den USA, der internationale Handel mit Emissionsrechten und die Forderungen nach einem neuen Haftungsrecht – sie zeigen wie viele andere Beispiele, wie Marktlösungen im Umweltschutz zu mehr Effizienz führen können. Effizienz ist der gemeinsame Nenner von Wirtschaft und Umweltschutz. Ökonomie und Ökologie brauchen einander: Ohne adäquaten Umweltschutz werden die Fundamente künftigen Wachstums zerstört. Und ohne Wirtschaftswachstum ist Umweltschutz nicht zu leisten.

Irrtum Nr. 9:
Globale Marken bedrohen kulturelle Vielfalt und Werte

Im März 1998 ging Mike Cameron, Schüler an der Greenbrier High School in Evans im Bundesstaat Georgia, in die Annalen der amerikanischen Werbung ein. Dabei hatte er nur getan, was viele Jugendliche seines Alters auch tun, er hatte ein T-Shirt mit einem Firmenlogo getragen. Allerdings zu einer aus der Sicht der Schulleitung denkbar unpassenden Gelegenheit. Die Schule hatte gerade einen Sponsorenvertrag mit Coca-Cola abgeschlossen. Der sah vor, dass der Softdrink-Konzern für die Schulausstattung zahlen und im Austausch dafür an der Schule exklusiv seine Getränke vermarkten, Plakate aufhängen und Schule wie Schüler als Werbeträger nutzen würde. Zur Feier des Tages hatten sich Cameron und seine Mitschüler zum Gruppenfoto aufgestellt. Alle trugen Pullover mit dem Coke-Label, doch kurz bevor der Fotograf den Auslöser seiner Kamera betätigte, zog sich Cameron den Pullover über den Kopf, und zum Vorschein kam das Logo des Konkurrenten Pepsi. Er wurde für einen Tag vom Unterricht suspendiert. Das Bild selber ging um die Welt.

Globalisierungskritiker bringt Coca-Cola mit seiner aggressiven Marketingstrategie immer wieder auf die Palme. Wie kaum ein anderer Multi ist das Unternehmen aus Atlanta zum Symbol für Konsumkultur »Made in USA« geworden. Rund um den Globus ist der Konzern heute vertreten und liefert weltweit die Hälfte aller Softdrinks. Mit seinem globalen Vermarktungskonzept steht er für ein Szenario, das den Gegnern der Globalisierung die Sorgenfalten auf die Stirn treibt: Mächtige Unternehmen versuchten, der ganzen Welt westliche Konsummuster überzustülpen – zum Wohl des Unternehmens, aber auf Kosten der kulturellen

Vielfalt. Die Folge aus ihrer Sicht: eine Angleichung, vielleicht sogar die Verdrängung traditioneller Kulturen. Ihren Ausdruck finden solche Befürchtungen in Schlagworten wie »McDonaldisierung« oder »Coca-Colonisierung«.

Globalisierungsgegner sehen die kulturelle Vielfalt in einer Welt bedroht, in der die Menschen von Berlin bis Bangkok Big Macs essen, Jeans tragen, MTV sehen und in der sich nationale Identitäten in einer Konsumgesellschaft nach amerikanischem Muster in nichts auflösen. Werbekampagnen propagierten auf dem gesamten Globus die gleichen Werte und den gleichen westlichen Lebensstil und erreichten mit der Verbreitung neuer Informationstechnologien zunehmend auch fremde Kulturkreise. Standardisierte Produktpaletten und eine allgegenwärtige oberflächliche Pseudokultur in Gestalt von Marken ließen keinen Raum mehr für die Kultur jenseits wirtschaftlicher Interessen. Kulturen seien einfach zu schwach, um am globalen Markt zu bestehen, so die Globalisierungsgegner weiter. Waren würden durch Marken zu Kulturgütern, Kulturgüter über ihre Instrumentalisierung durch Unternehmen zu Waren.

Die Multis selber tragen den Anspruch offen vor sich her, mit ihren Logos auch Werte zu transportieren. Nicht mehr nur auf Produkte sollen die Embleme von Sony, Gap und Nokia hinweisen, sondern auch auf Verheißungen – wahlweise von Abenteuer und Exotik, Coolness und Individualität, jugendlicher Schönheit und Exklusivität, Effizienz, Leistung und Leichtigkeit. »Nike-Slogans wie ›Just do it!‹ nutzen ein amerikanisches Image der Marke. Die Botschaft lautet: ›This is the Spirit of America‹ – Wenn du das Produkt kaufst, bekommst du die Werte gleich mit«, so der New Yorker Schriftsteller Nicholas Dawidoff.[1] So wird Alltagskultur gemacht, fein gestrickt von den Design- und Marketingabteilungen der großen Markenhersteller.

Kann Kommerz Kulturen verdrängen?

Wer sich in den Zentren großer Metropolen tummelt, dem erscheint die These von der Homogenisierung der Kulturen zunächst durchaus plausibel. Die immer gleichen Logos prägen Berlin oder Istanbul, Paris oder Moskau, London oder Schanghai, Buenos Aires oder Marrakesch. Doch woher die Angst vor einer zunehmenden Ähnlichkeit der Kulturen und Lebensstile überhaupt rührt, ist schwer auszumachen. Die Sorge um eine Vereinheitlichung von Kulturen basiert auf einem Verständnis, nach dem diese weitgehend in sich abgeschlossene Gebilde sind, gebunden an Orte und eine Gruppe von Menschen, eine Gemeinschaft oder Gesellschaft, eine Region oder Nation. Tatsächlich aber sind Kulturen ohne prägende Einflüsse von außen gar nicht denkbar. Kulturen existieren nie in »Reinform«, sind nicht statisch und homogen und entstehen immer aus der Begegnung und dem Austausch mit anderen Kulturen, dem gegenseitigen Aufnehmen und Abgrenzen. Kulturen sind das Produkt von Beziehungen und entwickeln sich erst im Kontakt mit dem Fremden, Anderen. Es gibt Wettbewerb und Vergleich, es wird umgewandelt und uminterpretiert, zerlegt und neu zusammengesetzt.

Im *World Culture Report 2000* der UNESCO heißt es treffend, dass die Welt nicht aus einem Mosaik der Kulturen besteht, sondern dass sie vielmehr einem sich ständig wandelnden Fluss gleicht, dessen verschiedene Strömungen sich dauerhaft mischen. Auch die Kultur der westlichen Moderne ist nicht aus einem Vakuum entstanden, sondern ist das Produkt von Beiträgen und Werten vieler Kulturen, die über Generationen angehäuft und fortentwickelt wurden. Ausgerechnet die Globalisierungsbewegung selbst gilt als Indiz für eine längst bestehende Art von Weltkultur.

In der Regel sind es gerade Globalisierungskritiker, die für Multikulturalismus und für die Toleranz gegenüber anderen Kulturen eintreten. Mit dieser Position verträgt sich jedoch schlecht die Forderung nach dem Schutz ursprünglicher Kulturen, etwa in den Entwicklungsländern, vor fremden, von außen kommenden Einflüssen. Wen eigentlich meint man schützen zu müssen? Mit welcher Begründung ließe sich das, was im eigenen Land als Bereicherung verstanden wird, den Völkern in den Entwicklungsländern vorenthalten? Steckt hinter der Forderung nach einer Bewahrung authentischer Kulturen in der Dritten Welt womöglich eine Romantisierung der Armut, die noch dazu bestens geeignet ist, das eigene Gewissen zu beruhigen? Gerade weil die Menschen in der Dritten Welt im Unterschied zu ihren wohlstandsgesättigten Zeitgenossen in den Industrieländern sehr wohl wissen, was es bedeutet, ein Leben in Armut zu führen, schätzen sie oft das, was neu ist und von außen kommt.

Die Globalisierung als absichtsvollen Prozess für eine Vereinheitlichung oder gar Zerstörung von Werten und Kulturen verantwortlich zu machen, führt vollkommen in die Irre. Nationale Identität wird durch einen kulturellen Austausch nicht eliminiert, vielmehr werden die Bindungen an einheitliche, über nationale oder regionale Gemeinschaften definierte Wertesysteme und Lebensformen gelockert. Homogenisierung und Grenzsetzung, Konflikt, Ausdifferenzierung und kulturelle Vermischung sind keine einander ausschließenden Entwicklungen, sondern bedingen sich gegenseitig. Bestimmte Zutaten des modernen Lebens werden mit der Globalisierung weltweit verbreitet – fernöstliche Philosophien und Kampfsportarten werden in den Westen exportiert, westliche Managementmethoden gehen den umgekehrten Weg nach China.

Ausgerechnet die Globalisierung führt zu einer Rückbesinnung auf regionale Besonderheiten. Denn während Raum und Zeit durch die Vernetzung und Digitalisierung der Welt technisch und ökonomisch an Relevanz verlieren, wird das Bedürfnis nach lokalen Wurzeln und einer regionalen Identität für den Einzelnen immer wichtiger. Auch deshalb sind Unternehmen wie Coca-Cola davon abgerückt, die Welt mit einer globalen Werbekampagne zu überziehen. Heute überlässt es das Management in Atlanta den regionalen Zentralen, mit eigenen Konzepten den Nerv der Konsumenten zu treffen. Mit der Wortschöpfung »Glokalisierung«, entstanden aus der Verbindung von Globalisierung und Lokalisierung, hat das Phänomen sogar Einzug in die Regionalwissenschaft gefunden.

Der kulturelle Austausch, durch Globalisierung vorangetrieben, ist alles andere als ein kultureller Verdrängungswettbewerb. Vielmehr liefern Tendenzen wie verstärkte Migrationsbewegungen den Beweis für ein mögliches Nebeneinander von Kulturen. In Paris gibt es algerische Viertel, manche Stadtteile Berlins sind fest in türkischer Hand. Das beste Beispiel dafür, dass eine nationale Kultur Fiktion ist, liefern die USA selbst. Jahr für Jahr wandern Hunderttausende von Ausländern in das Land ein, die meisten davon aus Asien oder Lateinamerika. Zwar scheint die englische Sprache außerhalb der Vereinigten Staaten die Welt unaufhaltsam zu erobern, doch in manchen Teilen der USA ist sie – insbesondere seit die Grenzen zwischen den USA und Mexiko gelockert wurden – nach dem Spanischen zur Zweitsprache geworden. In Texas stößt man mancherorts gar auf Hinweistafeln, die dem des Spanischen nicht mächtigen US-Bürger mit den Worten »English spoken here« die Befürchtung nehmen, sich im eigenen Land nicht verständigen zu können.

Amerika ist nicht überall

Blättert man durch die globalisierungskritische Literatur, so scheint es, als würden die USA den Rest der Welt zu einem kulturellen gallischen Dorf degradieren, dem nur noch ein Zaubertrank helfen könnte, dem Allmachtsanspruch amerikanischer Konzerne zu entkommen. Doch dass die kulturelle Globalisierung imperialistische Züge annimmt, dass sie mit einer kulturellen Verarmung, mit einer Gleichschaltung der Menschen weltweit auf amerikanische Werte und Konsummuster einhergeht, gehört ins Reich der Märchen. Wer eine angebliche kulturelle Dominanz der USA beklagt, der übersieht die gegenläufigen Tendenzen, jene Einflüsse, die nichtwestliche Kulturen auf die westliche Hemisphäre ausüben. Fernöstliche Strömungen in der Lebens-, Wohn- und Esskultur – wie Yoga, Tai Chi, Qigong, Wok und Sushi –, die mehr und mehr Raum im westlichen Leben einnehmen, sind nur ein Beleg für ein evolutorisch angelegtes Verständnis von Kulturen und die allseitige prinzipielle Offenheit ihrer Entwicklungen.

Nicht Hamburger und Coca-Cola dominieren die Welt. Der Lieblingsimbiss der Engländer neben Fish and Chips ist Curry, die Deutschen hängen an Kebab und Gyros mindestens genauso wie an Bratwurst. Die Franzosen importierten im Jahr 2001 Nahrungsmittel im Wert von 900 Millionen Dollar aus den USA, in umgekehrter Richtung hingegen floss Kulinarisches im doppelten Wert. Pizza ist im Weltmaßstab populärer als Fastfood von McDonald's. Und obwohl auch in der Neuen Welt inzwischen jede Menge Wein angebaut wird, beherrscht Europa rund 80 Prozent des weltweiten Weinmarktes.

Was für Marken und Produkte gilt, trifft auch in der Hochkultur zu. Es ist die Globalisierung, die gerade Autoren aus Schwellen- und Entwicklungsländern literarische Anerkennung in den Industrienationen verschafft. So wurde beispielsweise der nigerianische Autor Wole Soyinka als erster Afrikaner für seine literarischen Leistungen mit dem Literaturnobelpreis ausgezeichnet. Und wenn der Peruaner Mario Vargas Llosa in Deutschland auf Lesereise ist, sind die Veranstaltungen schon Wochen vorher ausverkauft.

Was für Bücher gilt, lässt sich auch auf Theater und Musik übertragen. Nicht amerikanische Bühnen gelten als die Brutstätten neuer kultureller Entwicklungen. Es sind die großen europäischen Häuser in Wien, Berlin, London oder Paris, die neue Trends setzen, junge Regisseure und Autoren hervorbringen und der Hochkultur neue Gesichter geben. Und wenn amerikanische Orchester im eigenen Land an Ansehen gewinnen wollen, dann holen sie sich einen europäischen Dirigenten. Selbst Hollywood ist lange nicht so amerikanisch, wie es auf den ersten Blick scheint. Kaum jemand weiß, dass die größten Filmstudios der USA längst in ausländischer Hand sind: Columbia Pictures gehört Sony aus Japan, Universal den Franzosen von Vivendi.

Ein Kulturgut erobert allerdings tatsächlich mit schnellen Schritten den Weltmarkt. Und gerade das widerlegt die These von der Vereinheitlichung der Kulturen. Schon heute ist Englisch für 375 Millionen Menschen die Muttersprache, etwa derselben Zahl dient sie als Zweitsprache. Im vielstimmigen Europa wird sie zum verbindenden Element. Jeder zweite Europäer spricht inzwischen Englisch – Tendenz steigend. Dahinter steht aber keinen neue Weltsprache, die andere Sprachen verdrängt. Zum einen tritt das Englische neben die Landessprache. Zum andern bedroht nicht das Englische seltene Kleinsprachen, wie etwa das im Norden Spaniens und im Süden Frankreichs gesprochene Baskisch. Vielmehr ist es die »Binnenkonkurrenz« der modernen Nationalsprachen Spanisch und Französisch, die mit der Globalisierung herzlich wenig zu tun hat. Die Verbreitung des Englischen dient einem wachsenden Teil der Weltbevölkerung nur der Verständigung, ohne dabei irgendjemandem zu schaden.

Mit der These eines westlichen Kulturimperialismus ist all das nicht zu vereinbaren. Gegen kulturelle Monopole spricht auch, dass das Internet von Medien-Unternehmen kontrollierte Informationsmonopole aufbricht. Jeder Einzelne, jeder Verein, jede Bürgerinitiative kann mit minimalem technischen und finanziellen Aufwand die eigenen Botschaften über die eigene Domain im Internet theoretisch bis in den letzten Winkel der Welt verbreiten. Damit entsteht eine völlig neue, globale Kulturplattform, die für neue Freiheiten sorgt.

Gegenseitige Abhängigkeit

Es lässt sich nicht leugnen: Der Kapitalismus amerikanischer Prägung stößt heute nicht mehr auf die ideologischen und politischen Barrieren, die einst die Sowjetunion oder das kommunistische China errichtet hatten. Doch wer den Vormarsch der amerikanischen Unternehmen auf die neuen Märkte als Kulturimperialismus verteufelt, der überschätzt die Macht der multinationalen Unternehmen und übersieht, dass die neuen Angebote zunächst einfach ein größeres Angebot und eine breitere Wahlmöglichkeit bedeuten, was nicht per se dazu führt, dass lokale Produkte und Werte verdrängt werden.

Oft sind lokale Kulturen viel stärker als die Macht der Multis. Amerikanische Produkte haben es in mancher Region heute schwer, den Geschmack der Konsumenten zu treffen. Längst verkaufen sich Produkte »Made in USA« nicht mehr so selbstverständlich wie früher. Um dem wachsenden Antiamerikanismus in der Region zu begegnen, hat McDonald's in Kuwait ein McArabia-Sandwich auf den Markt gebracht. Es soll nicht so flauschig wie die üblichen Sandwichs sein, sondern der Landestradition folgend aus dünnem Fladenbrot bestehen. Für McDonald's eine teure Investition, denn das Produkt muss eifrig beworben werden. Für die Fladen-Spots geben die Amerikaner mehr aus als für die Vermarktung des Vorzeigeproduktes Big Mac. Eine diffizile Aufgabe für die Werbestrategen im Unternehmen: Denn misslingen solche Werbekampagnen, gefährdet das den kommerziellen Erfolg insgesamt.

Global beworbene Marken sind in hart umkämpften Märkten nicht mehr als Etiketten, die Qualität und Verlässlichkeit signalisieren. Wenn das Qualitätsversprechen nicht eingelöst wird oder die Marke außer Mode gerät, dann wird das Produkt, das sich mit der Marke schmückt, von den Konsumenten gemieden. Auch Giganten wie Coca-Cola können sich diesem Marktgesetz nicht entziehen. 1985 schickte sich der Konzern an, sein 90 Jahre altes Flaggschiff Coca-Cola durch eine neue und – wie man glaubte – bessere Brause zu ersetzen: New Coke. »Der weltgrößte Softdrink-Hersteller hat für das Erfrischungsgetränk Nummer eins der Welt ein noch besseres Rezept entwickelt. Einige mögen dies als den kühnsten Schritt in der Geschichte der Lebensmittelindustrie bezeichnen. Wir sagen einfach: Es ist der wohlüberlegteste Schritt, der je getan wurde, denn der neue Geschmack von Cola wurde nach den Wünschen der Verbraucher kreiert«, so ließ der damalige Coca-Cola-Chef Roberto C. Goizueta vollmundig verlauten. Die Quittung auf diesen Irrtum folgte auf dem Fuß. Nachdem New Coke abwechselnd mit Spülwasser, Möbelpolitur oder zwei Tage lang abgestandener Pepsi verglichen worden war, musste der Konzern wenige Wochen später den Rückzug antreten. Das ursprüngliche Getränk wurde als Coca-Cola Classic wieder eingeführt, die Rezeptur für New Coke in das Firmenarchiv verbannt.

Diese Geschichte ist kein Einzelfall. Nach Schätzungen von Marketingexperten enden vier von fünf Versuchen, neue oder verbesserte Produkte einzuführen, mit einem Flop – nicht gerade ein Beleg für die Macht der großen Produzenten über die Verbraucher. Darüber hinaus ist die Bereitschaft, für ein Markenprodukt einen Preisaufschlag zu zahlen, eng verbunden mit der gesamtwirtschaftlichen Situation und dementsprechend mit der schwankenden Kauflust der Konsumenten. Wenn im konjunkturellen Abschwung die Zeiten härter werden, dann verlieren auch Weltmarken ihren Charme. Zwischen 2000 und 2001 verloren beispielsweise Nike und Coca-Cola 5 Prozent ihres Markenwerts, der von McDonald's schrumpfte gar um 9 Prozent.[2]

Menschen sind keine Sklaven von Marken, die ihnen ihr Selbstverständnis diktieren, wie die Kapitalismuskritikerin Naomi Klein glauben machen will. Oder wie der Journalist Philippe Legrain, ehemaliger Berater bei der WTO, es ausdrückt: »Wenn wir das Produkt auswählen, das unserem Geschmack am besten entspricht oder das am besten die Botschaft zum Ausdruck bringt, die wir anderen über uns überbringen wollen, dann benutzen wir die Marke, und nicht sie benutzt uns.«

Einen kuriosen Beleg für diese These liefert der Fall Mecca-Cola. Die Mixtur der Brause ist eine schiere Kopie der Konkurrenz aus Atlanta, kreiert in Paris von dem in Tunesien geborenen Geschäftsmann Tawfik

Mathlouthi. Doch so wenig originell und neuartig die braune Brause, so beispiellos ist die Erfolgsgeschichte, die Mecca-Cola seit November 2002 schreibt. Binnen kürzester Zeit hat Mathlouthi via Werbung im Internet Abnehmer für sein Produkt in 22 Ländern gefunden. Seinen ideologischen Feldzug gegen den »American Way of Life« betreibt er mit Hilfe eines Logos, das diesen wie kein anderes symbolisiert. Auf den Flaschen prangt ein täuschend ähnlicher, geschwungener weißer Schriftzug auf rotem Grund – nur der Zusatz »Mecca« macht den Unterschied. »Ne buvez plus idiot, buvez engagé. – ›Trink nicht wie ein Idiot, trink engagiert‹«, fordert das Etikett. An anderer Stelle findet sich der Hinweis: »Nicht mit Alkohol mischen.« Die muslimischen Konsumenten von Mecca-Cola können Cola trinken, ohne politisch unkorrekt zu sein. Im Gegenteil: Mit jedem Schluck unterstützen sie gemeinnützige Ziele, denn 20 Prozent des Umsatzes fließen in soziale Projekte – ein katholisches Obdachlosenprojekt in Frankreich und ein Fonds zugunsten von Schulkindern in Palästina. Und mehr noch: Sie nutzen die Anmutung einer Weltmarke, um demonstrativ ihre Skepsis oder ihre Gegnerschaft gegen die USA auszudrücken.

Der Empfänger bestimmt den Inhalt der Botschaft

Die Ethnologinnen Joana Breidenbach und Ina Zukrigl liefern ein an-
schauliches Beispiel dafür, wie Produkte und ihre Botschaften je nach
Kulturkreis unterschiedlich interpretiert und je nach Region übernom-
men oder abgewehrt werden: die weltweit ausgestrahlte Seifenoper Dallas. In Japan wurde die Serie nach kürzester Sendezeit abgesetzt, weil
sie japanischen Vorlieben widersprach: Konflikte blieben ungelöst, ein
Happy End fehlte. Für Japaner liegt der Sinn einer Geschichte jedoch gerade darin zu zeigen, wie Beziehungen gestärkt und im Anschluss an
Auseinandersetzungen wieder neu aufgebaut werden können. Arabi-
sche Männer und Frauen sahen Dallas meist in getrennten Räumen.
Das Verhalten der Protagonisten – Ehebruch, Alkoholismus und Betrug
– bestärkte die arabischen Zuschauer in ihren eigenen moralischen
Werten. Für Amerikaner dagegen waren Moraldebatten eher zweitran-
gig. Sie konsumierten die Serie schlicht zur Unterhaltung und verhiel-
ten sich wie Fernsehkritiker, die die Konstrukte des Drehbuchautors
analysieren. Wieder anders die Reaktion nach Israel eingewanderter
Russen: Sie, die lebenslang versteckte Ideologien und Botschaften in
den Sowjetmedien aufgespürt hatten, vermuteten diese Doppelbödig-
keit auch bei Dallas und verfolgten die Serie mit großem Misstrauen.

Das Beispiel zeigt: Menschen lassen sich nicht weltweit von Fremdeinflüssen überrollen. Die Vermutung, dass sie unreflektiert die Moral-
vorstellungen und Verhaltensstereotype amerikanischer Markenwerbe-
feldzüge oder TV-Serienhelden übernehmen, zeugt von einer stark
vereinfachten Vorstellung vom menschlichen Intellekt. Menschen gehen jedoch mit Fremdeinflüssen auf vielfältige Weise um: Sie wehren
sie ab oder sie verwandeln sie in einer Art und Weise, die kompatibel ist
mit ihren eigenen Bedürfnissen, Erfahrungen und Wertvorstellungen.

Wenn Produkte weltweit angenommen werden, lässt sich für solche
Homogenisierungstendenzen nicht die »Coca-Colonisierung« verantwortlich machen. Schließlich wird niemand zum Konsum gezwungen.

Die Ursachen liegen vielmehr darin, dass die Präferenzen der Menschen in einigen Bereichen wohl doch nicht so verschieden sind, wie jene propagieren, die sich gerne zu Anwälten der Wahrung von Vielfalt machen.

Kultur kommt von unten

In den späten 60er Jahren entstand in den verwahrlosten Straßen der New Yorker Bronx ein völlig neuer Musikstil: Hip-Hop nannten ihn die schwarzen Jugendlichen, denen nur die Kunst die Möglichkeit ließ, sich selbst zu verwirklichen und nicht im Alltag von Armutskriminalität und Bandenkriegen unterzugehen. Weil sich von außerhalb niemand für die »Schwarzenghettos« interessierte, konnte sich diese Subkultur über etliche Jahre hinweg ungestört entwickeln. Erst Ende der 70er Jahre wurden die Medien und die Öffentlichkeit auf Rapper und Breakdancer aufmerksam. Inzwischen ist Hip-Hop zum festen Bestandteil der westlichen Jugendkultur geworden – mit all ihren materiellen Insignien wie Graffiti-Shirts, Schirmmützen oder MP3-Playern.

Die Vorbehalte gegen US-Kulturimperialismus sind in ihrem Kern eine Kritik am kapitalistischen Gewinnstreben multinationaler Unternehmen und ihrer weltweit angelegten Markenpolitik. Diese Kritik wäre dann in sich schlüssig, wenn man behaupten könnte, dass Kultur nicht nur durch die multinationalen Unternehmen kommerzialisiert würde, sondern dass sie jenseits wirtschaftlicher Kalküle schlechthin nicht existieren könnte. Doch gerade das Beispiel Hip-Hop zeigt, dass sich Kultur zu einem großen Teil in zunächst versteckten Räumen jenseits der Märkte entwickelt.

Paradoxerweise gilt das weniger für die Tempel der Hochkultur wie Theater, Opernhäuser und Museen, deren Existenz von finanzkräftigen Sponsoren abhängt und deren Programme bisweilen auch von deren Einfluss bestimmt werden. Es gilt aber ohne Frage für die aus dem Alltagserleben entwickelte Kultur – hier werden kulturelle Innovationen jenseits der Einflüsse von Unternehmen kreiert. Zwar haben Konzerne und ihre Marketingabteilungen die Hip-Hop-Kultur aufgenommen und ihre Stilisierung und Abbildung auf Konsumprodukte zur Schaffung neuer, gewinnträchtiger Marktsegmente genutzt. Die originären Akteure und Schöpfer des Trends kamen jedoch nicht aus ihren Reihen –

Multis können Katalysatoren von Kultur sein, selbst erschaffen können sie sie nicht. Noch immer entwickeln sich kulturelle Trends jenseits von Effizienz, Konkurrenz, Rentabilität und Wachstum.

So bleibt von dem beklagten kulturellen Dominanzstreben der Konzerne, dem die Globalisierung auch noch die letzten Schranken beiseite räumen soll, bei Licht besehen wenig übrig. Wenn Coca-Cola oder Nike so viel Zorn auf sich ziehen, dann mag man sich zu Recht fragen, warum VW, Toyota oder Siemens kaum je mit vergleichbaren Ressentiments bedacht werden. Auch diese Konzerne sind allesamt – ebenso wie die US-stämmigen Multis – mittlerweile heimatlose Giganten und auch sie stehen für kapitalistische Werte wie Effizienz, Rationalität, Wachstum und Gewinnstreben. Würden die Globalisierungsgegner endlich ihre einseitige Sichtweise beiseite schieben und sich mit den tatsächlichen kulturellen Veränderungen beschäftigen, würde schnell klar: Die Globalisierung bereitet keinen kulturellen Einheitsbrei. Sie bietet eine Chance für friedliche Koexistenz und den Austausch unterschiedlicher Kulturen, die in der Geschichte ihresgleichen sucht.

Irrtum Nr. 10:
Die Globalisierung lässt sich nicht steuern

Wir fahren schwedische Autos, hören kubanische Musik aus chinesischen Hi-Fi-Geräten, trinken Kaffee aus Guatemala, der von Maschinen aus Mexiko zubereitet wurde. Wir tragen italienische Mode und benutzen taiwanesische Computer mit amerikanischer Software, programmiert von indischen Ingenieuren. Briten arbeiten für deutsche Autohersteller, Deutsche für finnische Telekomfirmen, Finnen für amerikanische Investmentbanken und Amerikaner für japanische Elektrokonzerne. Die Globalisierung prägt unmittelbar unser tägliches Leben. So eng wie nie zuvor verbindet sie Menschen überall auf dem Globus. Wenn Globalisierung aber schon Alltag ist und der Umgang mit ihr Gewohnheit – warum gilt sie dann noch immer als bedrohliche Kraft? Viele Berichte über die Macht der Unternehmen und die Ohnmacht der Politik, hat den Glauben an einen völlig unkontrollierbaren Prozess genährt. Doch Globalisierungsgegner irren, wenn sie davor warnen, dass die Globalisierung wie eine Naturgewalt über die Welt hereinbricht.

Die Globalisierung ist kein Selbstläufer. Internationale Märkte sind das Ergebnis von Abermillionen individueller Entscheidungen. Die verstärkte Integration ist angewiesen auf die Zustimmung der Menschen und die Unterstützung der Politik. Verliert sie beides, wird das Rad der Geschichte zurückgedreht. Schon einmal ging eine Globalisierungswelle abrupt zu Ende, machten nationalistische Tendenzen die Errungenschaften einer stärkeren Verflechtung des internationalen Handels zunichte: Gegen Ende des vergangenen Jahrhunderts begann das, was heute als erste Welle der Globalisierung gilt. Nach 1870 wuchsen die internationalen Handelsströme rapide an. Der Grund: Die Transportkosten waren mit dem Einsatz neuer Technologien stark zurückgegangen. Dampfschiffe an Stelle von Großseglern machten den Seeweg schneller und billiger und der Aufbau eines Eisenbahnnetzes ermöglichte den raschen Transport von Gütern auch über weite Landwege. Gleichzeitig fielen zwischen 1870 und 1914 Zölle und andere Handelsbarrieren. Der Wert der weltweiten Exporte verdoppelte sich. Die USA, Südamerika und Neuseeland zählten damals zu den Ländern, die von der Globalisierung am meisten profitierten. Sie exportierten Rohstoffe und importierten Arbeitskräfte und Kapital im großen Stil. Der Lebensstandard stieg deutlich an. Doch nationalistische Tendenzen bremsten die Entwicklung. Die große Depression nach 1929, eine Weltwirtschaftskrise, die vom Zusammenbruch der New Yorker Börse ausgelöst wurde, machte die protektionistischen Bewegungen noch stärker. Zwar gingen die Transportkosten zwischen 1914 und 1945 weiter zurück, doch politische Entscheidungen hielten ein Fortschreiten der Globalisierung auf. Handelsschranken und Zölle wurden wieder eingeführt. Allein zwischen 1929 und 1933 fielen die US-Importe um 30 Prozent, die Exporte sogar um 40 Prozent. Mitte des 20. Jahrhunderts war der internationale Handel wieder auf dem Niveau von 1870 angekommen. Protektionismus hatte die fallenden Produktionskosten, die 80 Jahre Fortschritt mit sich gebracht hatten, zunichte gemacht.

Die Globalisierung folgt keinem festgelegten Schema. Wie stark sich Nationen heute in den Welthandel integrieren, entscheiden sie selbst. Während sich einige Länder stärker öffnen, um die eigenen eingeschränkten Absatzmöglichkeiten zu überwinden, halten andere an Handelsschranken fest. Finnland ist viel stärker in den internationalen Handel eingebunden als die USA, aber viel weniger als Irland. Während die USA, gemessen am BIP, nur gut 10 Prozent ihrer Güter exportieren und importieren, sind es in Deutschland 35 Prozent, in Finnland 38 Prozent und in Irland 60 Prozent. Vor allem kleine Länder, die nicht alle Produkte selbst herstellen können, nutzen die Chance, über den begrenzten Heimatmarkt hinaus neue Märkte zu erschließen. Am Beispiel der Flugbranche zeigt sich, wie stark der internationale Wettbewerb von der Unterstützung durch die Politik abhängt. So herrscht zwar auf den transatlantischen Linien inzwischen ein starker Konkurrenzkampf, der die Flugpreise deutlich gesenkt hat. Dagegen lassen die USA ausländische Konkurrenz auf inneramerikanischen Strecken genauso wenig zu wie die europäischen Länder auf ihren jeweiligen Heimatmärkten. Und während Computer weitgehend ohne Behinderungen weltweit verkauft werden können, gilt das für Bananen, Zucker und andere Agrarprodukte noch lange nicht. Die Handelsbarrieren zeigen, dass der Druck von Lobbygruppen, ob Landwirte in Europa, Stahlkonzerne in den USA oder Gewerkschaften in aller Welt, noch immer stärker sein kann als die Liberalisierungsanreize der Globalisierung. Das Dilemma für die nationale Handelspolitik besteht in der Möglichkeit, kurzfristig Sympathien einzelner Wählergruppen durch derartigen Protektionismus zu gewinnen, der allerdings langfristig die gesamtwirtschaftlichen Vorteile der Handelsliberalisierungen gefährdet.

Agenda für eine bessere Globalisierung

Mit dem Fortschreiten der Globalisierung verbinden viele Menschen die Angst, etwas zu verlieren: Heimat, Identität, Arbeitsplätze, die Möglichkeit, über die Politik Einfluss nehmen zu können auf das, was das eigene Leben bestimmt. Dabei wird oft übersehen, dass gerade eine zunehmende Öffnung und Integration weltweiter Märkte die Möglichkeit bietet, die Globalisierung so zu steuern, dass sie den größtmöglichen Nutzen für die größtmögliche Zahl von Menschen bringt. Denn obwohl der Wohlstand in nie gekannter Weise zunimmt, werden vielen Menschen, die unter Armut und Unterdrückung leiden, elementare Entwicklungschancen noch immer vorenthalten. Um die Früchte der Globalisierung gleichmäßiger zu verteilen, bedarf es umfassender Demokratisierungsprozesse, welche oft erst durch die Teilnahme am internationalen Handel und den dadurch steigenden Wohlstand ermöglicht werden. Nicht nur der Süden, auch der Norden muss seine internationalen Güter- und Dienstleistungsmärkte stärker als bisher öffnen. Die Leitungs- und Aufsichtsstrukturen internationaler Organisationen müssen reformiert und internationale politische Entscheidungen demokratisch legitimiert werden. Um das Weltfinanzsystem weiter zu stabilisieren, müssen Weltbank und IWF intensiver als bislang ein vorausschauendes Krisenmanagement betreiben. Der riesige Schuldenberg vieler Entwicklungsländer verlangt nach einer Möglichkeit zur Entschuldung. Und schließlich benötigen sie eine Entwicklungshilfe, die ihrem Namen auch gerecht wird.

Folgende Maßnahme sind notwendig, um den größtmöglichen Nutzen aus der Globalisierung ziehen zu können:

1. Die Märkte des Nordens öffnen:

Reiche Länder können sich einiges leisten – zum Beispiel Handelsbarrieren, die nur wenigen nutzen, aber viel kosten. So verschlingt der europäische Agrarsektor fast viermal so viel an Subventionen wie die Entwicklungshilfe der Unions-Länder. Rund 40 Milliarden Euro an

Subventionen zahlt die europäische Union ihren Bauern jedes Jahr – die Entwicklungshilfe macht gerade mal 25 Milliarden Euro aus. Was das miteinander zu tun hat? Mit solchen Anbauprämien und Zollbarrieren schützt Brüssel die europäische Landwirtschaft vor dem Import günstigerer Lebensmittel. Jährlich zahlt die Erste Welt rund 350 Milliarden Dollar für diesen Schutzwall. Der durchschnittliche weltweite Zoll auf Agrarprodukte liegt heute bei rund 60 Prozent. Für Entwicklungsländer hat es gravierende Folgen, dass der Globalisierungseifer der entwickelten Welt vor Feldern und Farmen Halt macht. Ihnen ist es praktisch nicht mehr möglich, ihre Agrarprodukte auf den Märkten des Nordens zu verkaufen. Umgekehrt drängen Überschüsse aus den USA, Europa und Japan zu Niedrig-Preisen auf die Märkte des Südens und verdrängen das Angebot heimischer Kleinbauern. Den positiven Effekt der Entwicklungshilfe hebt das Verhalten des reichen Nordens damit fast völlig auf. Nicht zu viel, zu wenig Globalisierung behindert das Wachstum der Ärmsten.

Meint es die Erste Welt ernst mit dem globalen Handel, muss sie ihre Märkte stärker als bisher auch der Konkurrenz aus der Dritten Welt öffnen. Der Internationale Währungsfonds schätzt, dass eine weltweite Liberalisierung der Landwirtschaft bereits im ersten Jahr ein Wachstum von 120 Millionen Euro bringen würde – und in den Folgejahren noch deutlich mehr. Sie wäre gut für beide Seiten. Stärkerer Wettbewerb würde Agrarprodukte hier zu Lande billiger machen. Konsumenten könnten erspartes Geld für andere Güter ausgeben. Die Aufhebung von Zöllen wirkt damit wie eine Steuersenkung. Produzenten in der Dritten Welt hätten ihr Auskommen und Staaten der Ersten Welt würden handelsverzerrende Fördermittel sparen. Doch nicht nur in der Landwirtschaft ist die Globalisierung noch verbesserungsfähig, auch in der Textilwirtschaft, dem zweiten wichtigen Exportsektor der Dritten Welt, belasten unnötige Handelshemmnisse die Entwicklung der Nachzügler.

Einen weiteren Schub für das Wachstum der Entwicklungsländer könnte die Öffnung des Dienstleistungssektors für den internationalen Handel bringen. Er ist mit einem Anteil von 60 Prozent an der Weltwirtschaft so bedeutend wie kein anderer. Jährlich werden mit Diensten an Mensch oder Maschine 1,34 Billionen Dollar umgesetzt. Dafür aber müsste der Westen seine starre Haltung gegen diese Pläne aufgeben. Die Weltbank geht davon aus, dass die Weltwirtschaft um 830 Milliarden Dollar pro Jahr wächst, wenn bis 2010 alle Handelsschranken in allen Sektoren abgebaut würden. 65 Prozent davon entfielen auf die Dritte Welt. Für 300 Millionen Menschen könne das bis 2015 den Weg aus der Armut weisen, schätzt die Weltbank. Profitieren würden die Entwicklungsländer auch von einem leichteren, gegenseitigen Marktzutritt. Denn Marktschranken zwischen den Entwicklungsländern sind noch immer schwerer zu überwinden, als die zur entwickelten Welt.

2. Demokratie durch Handel fördern:
Mangelnde Demokratie, Korruption und unsichere Rechtssysteme sind die wichtigsten Hindernisse für einen stärkeren Zufluss ausländischer Direktinvestitionen in die Dritte Welt. Noch immer gibt mancher afrikanische Despot mehr für sein Militär aus als für die Bildung seines Volkes. So gewährte Simbabwes Staatsoberhaupt Robert Mugabe Ende der 90er Jahre dem bedrängten Kongo-Diktator Kabila großzügige und kostspielige militärische Unterstützung, obwohl sein Land in der Armut regelrecht versank. Zu dieser Zeit lebten mehr als 40 Prozent der Bevölkerung unter der internationalen Armutsgrenze. Dabei verfügte das Land über bedeutende Bodenschätze wie Nickel, Kupfer und Gold, auch über eine Textil- und Schuhindustrie. Doch Korruption und Willkür verhindern, dass die Ressourcen von Simbabwe im internationalen Handel gewinnbringend genutzt werden.

Die Globalisierung kann Demokratisierungsprozesse fördern. Vorbild könnte das so genannte Cotonou-Abkommen zur Entwicklungspolitik zwischen der Europäischen Union und 77 Entwicklungsländern aus Afrika, der Karibik und der Pazifikregion (AKP) aus dem Jahr 2000 sein. Es koppelt die Entwicklungszusammenarbeit in einem multilateralen Abkommen erstmals an Fragen von Menschenrechten und Demokratie. Die EU macht Handelserleichterungen für die Dritte Welt von der Erfüllung politischer und ökonomischer Auflagen abhängig, das

Hauptziel ist die stärkere Integration der AKP-Staaten in den Welthandel. Die Integration soll dabei mit Rücksicht auf die schwache Stellung und die beschränkten Möglichkeiten der Länder erfolgen, heißt es in dem Abkommen. In einem ersten Schritt fördert die EU regionale Wirtschaftskooperationen zwischen AKP-Staaten, in einem zweiten will sie mit diesen regionalen Zusammenschlüssen Freihandelsabkommen abschließen.

Die internationalen Organisationen wie IWF oder Weltbank können dazu beitragen, ähnliche Druckmittel aufzubauen. Den Demokratisierungsprozess bestimmen sollten sie nicht. Denn zunächst müssen sich die beiden Wirtschaftsinstitutionen IWF und Weltbank selbst demokratisieren. Die Entwicklungsländer müssen in den internationalen Institutionen, die über ihr politisches und wirtschaftliches Wohlergehen entscheiden, mehr Mitsprache erlangen. Das gilt vor allem für den Internationalen Währungsfonds, in dem die sieben größten Industrieländer gegenwärtig alle wichtigen Entscheidungen fällen und schon die USA allein diese mit einem Veto blockieren können. Die Abschaffung von WTO und IWF, wie es die Globalisierungsgegner fordern, würde die Welt keinesfalls verbessern, sondern sie einer Struktur berauben, die in Zukunft eine wichtige Einflussgröße bei der Demokratisierung sein kann.

3. Akzeptanz schaffen:

Internationale Organisationen werden heute nicht mehr nur danach beurteilt, welche Entscheidungen sie treffen, sondern auch danach, wie diese zustande kommen. Denn viele Menschen fühlen sich von der Einflussnahme auf die Politik auf internationaler Ebene abgeschnitten. Beginnt die Charta zur Gründung der Vereinten Nationen noch mit den Worten »Wir, die Völker der Vereinten Nationen ...«, heißt es im Vertrag über die europäische Union, besser bekannt als Maastricht-Vertrag von 1992, distanzierter: »Durch diesen Vertrag gründen die Hohen Vertragspartner untereinander eine Europäische Union, im Folgenden als ›Union‹ bezeichnet.« Nur ein kleiner stilistischer Unterschied vielleicht, der jedoch für das Gefühl einer zunehmenden Abkoppelung der internationalen Politik von der demokratischen Legitimation steht. War die

Globalisierung lange primär eine ökonomische Internationalisierung, muss nun verstärkt eine politische folgen. Im Vordergrund sollte dabei das Bemühen um demokratische Legitimität der internationalen Politik stehen, wie es die Agenda for Democratization des früheren Generalsekretärs der Vereinten Nationen Boutros Ghali fordert. Unter dem Begriff »global governance« ist bekannt, was als Regelwerk jenseits der einzelstaatlichen Ebene für mehr politische Stabilität sorgen soll. Das Konzept wendet sich ausdrücklich gegen die Idee einer zentralen Weltregierung oder eines hierarchischen Weltstaates. Es geht vielmehr darum, eine multilaterale Kooperationskultur, ein dezentrales und föderatives System souveräner Staaten einzurichten. »Global governance« bedeutet nicht das Ende des Nationalstaates. Im Gegenteil: Ihr Ziel ist es, dass Staaten Handlungsfähigkeit zurückgewinnen. Als wichtiges Fundament für eine stärkere Akzeptanz gilt die Einbindung nichtstaatlicher Akteure in das Regieren, darunter Organisationen wie Umwelt-, Entwicklungshilfe- und Menschenrechtsorganisationen wie Greenpeace, Oxfam oder Amnesty International, aber auch von Verbänden oder Gewerkschaften.

4. Finanzsystem stabilisieren:
Um das Weltfinanzsystem zu stabilisieren, muss der IWF viel stärker als bislang ein vorausschauendes Krisenmanagement betreiben, das das Ausbrechen von Flächenbränden verhindert und den Einsatz der Institution als Feuerwehr des Finanzsystems minimiert. Finanzhilfen dürfen nicht erst fließen, wenn sich die Zahlungsunfähigkeit von Staaten bereits abzeichnet. Sie sind dann am wirksamsten, wenn sich erste Engpässe anbahnen. Denn wie das Beispiel Brasilien gezeigt hat, kann nur die frühe Zuteilung von Überbrückungskrediten dafür sorgen, dass sie eine antizyklische Wirkung entfalten. Dabei darf der IWF die Gläubiger nicht wirtschaftspolitisch über einen Kamm scheren. Er muss sich bemühen, stärker als bislang Eigenarten und spezifische Probleme zu berücksichtigen und sollte verstärkt auf den Einsatz heimischer Expertengruppen zurückgreifen. Damit die ärmsten Länder der Dritten Welt nicht immer tiefer in die Schuldenfalle rutschen, muss es nach dem

Vorbild des Privatrechtes künftig auch für Länder ein Insolvenzrecht geben. In einem Insolvenzverfahren könnten Gläubiger die Schulden vorübergehend stunden: Der Staat bliebe handlungsfähig und die Liquiditätskrise zöge nicht zwangsläufig die Verarmung breiter Bevölkerungsschichten nach sich. Viele, vor allem afrikanische Staaten, leiden bereits unter einer erdrückenden Schuldenlast. Nur wenn Gläubiger ihnen wenigstens einen Teil der Schulden erlassen, wird es den Ländern erst möglich, langfristig am Welthandel teilzunehmen. Denn wenn Staaten einen Großteil ihrer Deviseneinkünfte aus dem Export sofort in den Schuldendienst abführen müssen, ist an Importe überhaupt nicht zu denken. Der Schuldenerlass muss allerdings an Zusagen gebunden sein, mit denen Regierungen sich verpflichten, frei werdende finanzielle Ressourcen für die Entwicklung des Landes einzusetzen.

5. Entwicklungshilfe ausbauen:

Während Globalisierungsgegner dafür werben, der Dritten Welt mehr Gelder über die Entwicklungshilfe zukommen zu lassen, erklären manche Globalisierungsbefürworter, die Liberalisierung des Handels sei das Patentrezept schlechthin. Dabei schließen sich beide Möglichkeiten nicht aus. Noch immer sind die Budgets der westlichen Welt für die Entwicklungshilfe beschämend gering. Gerade mal 0,22 Prozent ihres Bruttoinlandsproduktes zahlen die Geberländer durchschnittlich an Entwicklungshilfe – der niedrigste Wert seit Beginn der Erhebung für den Marshall-Plan 1947. Trotz kräftiger Steigerung ihrer Hilfe als Folge der Anti-Terror-Initiative liegen die USA mit 0,12 Prozent im OECD-Vergleich weiter auf dem letzten Platz. Die EU-Regierungen bringen zwar mit 0,3 Prozent im Durchschnitt etwas mehr auf, doch das von den Vereinten Nationen vorgegebene Ziel von 0,7 Prozent erreichen auch sie nicht. Ein höherer Anteil der Entwicklungsausgaben ist nicht nur eine moralische Pflicht, sondern auch ein ökonomischer Imperativ, weil er wirtschaftliches Wachstum und Demokratisierungsprozesse unterstützt und damit neuen und möglicherweise teuren Konflikten vorbeugen kann.

6. Umweltschutz internationalisieren:

Um effektiver gegen globale Umweltprobleme wie die Erderwärmung oder der Wassermangel vorgehen zu können, muss die Staatengemeinschaft ihre Umweltpolitik besser koordinieren. Zwar gibt es schon eine internationale Umweltbehörde, doch das Umweltprogramm der Vereinten Nationen (UNEP) ist mit derart geringen finanziellen Mitteln und so schwachen Kompetenzen ausgestattet, dass es ein Schattendasein fristet. Während das deutsche Umweltbundesamt (UBA) über mehr als 1 000 Mitarbeiter und die amerikanischen Umweltagentur (EPA) über 18 000 Beschäftigte verfügt, kommt UNEP nur auf 530 Mitarbeiter. Dabei sind große gemeinsame Anstrengungen nötig, um globale Ziele zu verankern, auch wenn vor allem lokale Regierungen das Übel an der Wurzel packen und den Einsatz von Treibhausgasen oder Pestiziden vor ihrer Haustür stoppen können. Es muss eine Organisation geben, die diese Aufgaben weltweit koordiniert, das Einhalten von Schutzzielen wie die des Kyoto-Protokolls wirksam kontrolliert oder in Streitfragen ein globales Entscheidungsgremium bildet. Nach dem Vorbild der Welthandels- und der Weltgesundheitsorganisation könnten die Staaten der Welt auf der Basis von UNEP eine schlagkräftige Organisation einrichten, die diese Aufgaben übernimmt. Der Ausbau von UNEP könnte innerhalb des UN-Systems durch die Entwicklung zu einer UN-internen Unterorganisation oder zu einer UN-Sonderorganisation mit eigenem Budget und eigener Mitgliedschaft geschehen.

Chance, nicht Schicksal

Konzerne mögen größer und kosmopolitischer sein als je zuvor – eine Bedrohung sind sie jedoch nicht. Die Globalisierung hat nicht nur komplexere Unternehmen, sondern auch größere Märkte und mehr Wettbewerb hervorgebracht. Sie ist Fluch und Segen für Unternehmen zugleich. Wer die Macht der Konzerne eingeschränkt wissen will, sollte sich für die Globalisierung stark machen, nicht gegen sie. Das Beispiel Shell zeigt, dass nicht die Marke ihre Kunden beherrscht, sondern Konsumenten Unternehmen und Marken. Staaten und ihre Regierungen bleiben auch in Zukunft die wichtigsten internationalen Akteure. Sie bestimmen über den Grad der Offenheit ihrer Volkswirtschaften und setzen die Regeln, erlauben die Einfuhr von Computern oder verhindern die von Gemüse. Sie schaffen mit einem Angebot öffentlicher Güter – wie guter Bildung oder einem funktionierenden Gesundheitswesen – attraktive Standorte. Globalisierung zeigt auch den Unterschied zwischen guten und schlechten Regierungen. Es reicht nicht, nur die Märkte zu öffnen. Die Rahmenbedingungen für einen verstärkten internationalen Handel, wie ein verlässliches Rechtssystem oder eine funktionierende Infrastruktur, müssen stimmen. »Globalisierung«, schrieb der Economist einmal, »ist der Unterschied zwischen Südkorea und Nordkorea, zwischen Malaysia und Myanmar«.

Der verstärkte internationale Handel steht nicht nur für Rationalisierung und Privatisierung, sondern auch für neue Investitionen, neue Arbeitsplätze, technologischen Fortschritt und einen höheren Lebensstandard. Der wirtschaftliche Aufholprozess von großen Teilen der Dritten Welt bringt viele positive Entwicklungen mit sich. Bessere Bildung, den Wunsch nach Demokratisierung, ein stärkeres Bewusstsein für die Umwelt und ein Abschwächen des Bevölkerungswachstums. Dort, wo die Globalisierung rasch voranschreitet, in Manaus und anderswo, mögen Globalisierungsgegner aus westlicher Perspektive einiges zu kritisieren haben – seien es niedrige Löhne, lange Arbeitszeiten oder einen schwachen Kündigungsschutz. Immerhin aber gibt es Arbeit. Und so kommen noch immer viele Menschen aus anderen indischen Provinzen in der Hoffnung auf ein besseres Leben nach Bangalore und nur wenige kehren zurück.

Der Vergleich der Standards im reichen Norden und armen Süden wirft eine moralische Frage auf: Wollen wir eine faire Chance für die Dritte Welt, oder ist uns westliches Besitzstandsdenken wichtiger? Die Erste Welt darf den Entwicklungsländern ihre Löhne und Sozialstandards nicht aufzwingen, weil sie ihr die Chance rauben würden, wirtschaftliche Vorteile auszuspielen: den Einsatz von Boden und billiger Arbeitskraft. Rund drei Milliarden Menschen leben in Ländern, die bereits von einer stärkeren Internationalisierung ihrer Wirtschaft profitieren. Ein abruptes Ende der Integration würde ihre Hoffnung auf ein besseres Leben zerstören. Manches Bemühen um internationale Arbeitsstandards erinnert an die Warnung des früheren mexikanischen Präsidenten Ernesto Zedillo, der auf dem Weltwirtschaftsforum in Davos erklärte: »Leute der extremen Linken, der extremen Rechten, aus dem Lager der Umweltschützer und aus den Gewerkschaften haben sich in einer merkwürdigen Allianz versammelt. Sie will die Menschen der Entwicklungsländer schützen – vor der Entwicklung.«

Globalisierung gestalten

Verlieren wir mit der Globalisierung die Bestimmungskraft über unsere Leben an skrupellose Weltkonzerne? Bestimmen alles umschlingende Marken über unser Bewusstsein? Regieren Unternehmen die Welt? Zerstört die Globalisierung die Umwelt, vernichtet sie Arbeitsplätze, schafft sie gar mehr Armut und Kinderarbeit? Und überhaupt: Ist sie nicht längst gar nicht mehr aufzuhalten? Globalisierungsgegner kennen die Antworten längst. Richtig ist: Die Welt ändert sich schneller als jemals zuvor. Richtig ist auch: Der rasche Wandel kann bisweilen Furcht einflößen. Ja, neben vielen Gewinnern der Globalisierung wird es auch Verlierer geben. Die Welt ist kein fehlerloser Ort. Sie war es nie und sie wird es nie werden. Wer jedoch die Armut in der Dritten Welt anprangert, gegen schlechte Arbeitsbedingungen oder die Macht der Multis demonstriert, muss erkennen, dass sich sein Protest nicht gegen die Globalisierung selbst, sondern gegen einen Mangel an Globalisierung richtet.

Die Globalisierung ist zuallererst eine ökonomische Kraft. Waren, Investitionen und Arbeitskräfte wandern kreuz und quer über den Erdball. In ihrem Schlepptau aber bringt sie auch politische Veränderungen mit sich. So lassen gemeinsame wirtschaftliche Interessen die Mitglieder der Europäischen Union auf eine Weise zusammenarbeiten, die lange unvorstellbar war. 15 Länder haben einen gemeinsamen Markt, 12 eine gemeinsame Währung. Schon bald werden weitere folgen, selbst eine gemeinsame Verfassung ist in Arbeit. Krieg in Westeuropa, über Jahrhunderte nichts Außergewöhnliches, ist heute kaum mehr vorstellbar. Demokratisch gewählte Regierungen teilen ihre Macht – und bauen sie damit aus. Ähnlich, wenn auch auf kleinerem gemeinsamen Nenner, funktioniert das North American Free Trade Agreement (NAFTA), das die wohlhabenden Wirtschaftsnationen Kanada und USA mit dem ärmeren Mexiko verbindet. Auch die NAFTA gilt als ökonomisches und politisches Erfolgsmodell. Seit der Gründung der NAFTA 1994 hat sich das verschlossene Mexiko zur liberalen Demokratie entwickelt. Im Jahr

2000 wurde bei freien Wahlen erstmals die Alleinherrschaft der Partei der institutionalisierten Revolution (PRI) durchbrochen, die in den vorangegangenen 72 Jahren zuvor jede Wahl gewonnen hatte und jeden Präsidenten stellte – auch durch Manipulationen. Mit den politischen Reformen kamen immer mehr Investitionen ins Land und seit Gründung der NAFTA hat das Einkommen Mexikos deutlich zugenommen.

Die Globalisierung ist Realität, unveränderliches Schicksal ist sie jedoch nicht. Sie wird auch in Zukunft das Ergebnis millionenfacher Entscheidungen sein. Jeder Einzelne hat die Wahl und er sollte sich für eine verstärkte Integration entscheiden. Denn der internationale Handel bringt mehr Wohlstand und Freiheit für viele Menschen. Neue Technologien finden raschere Verbreitung. Die weltweite Konkurrenz verweist die Macht der Unternehmen in enge Schranken und lässt Konzerne viel stärker als früher um Konsumenten werben. Die Theorie des komparativen Kostenvorteils, nach welcher der internationale Handel stets den Wohlstand aller Beteiligten mehrt, wird tagtäglich zur Praxis. Länder spezialisieren sich auf das, was sie besonders gut können, und kaufen den Rest im Ausland für weniger Geld ein. Die Globalisierung bereichert unser Leben, sie mischt Kulturen, Ideologien und Moden. Wir haben heute viel mehr Möglichkeiten über unser Leben zu bestimmen, als noch vor 20 oder 30 Jahren. Die Globalisierung ist nicht der Fluch des 21. Jahrhunderts. Richtig gesteuert kann sie das Tor zu einer offenen, freien, wohlhabenderen und demokratischen Welt sein. Wir haben die Wahl, das Beste aus unserer Zukunft zu machen. Wir sollten die Chancen fallender Grenzen nutzen und die Globalisierung gestalten, anstatt sie zu verteufeln.

Anmerkungen

Irrtum Nr. 1:
Mächtige internationale Konzerne regieren die Welt

1 Klein, Naomi: *No Logo!*, München 2001.
2 UN Development Program: *Human Development Report 1999*, New York/Oxford 1999.
3 OECD Revenue Statistics: *Special Features: Social Security Contributions: The impact of GDP revisions on reported tax levels 1965/2001*. Edition 2002.
4 Fischermann, Thomas:»Konzerne brauchen Staaten.« In: *Die Zeit*, 37/2000.
5 UNDP: *Bericht über die Menschliche Entwicklung 2001*. Deutsche Gesellschaft für die Vereinten Nationen, Bonn 2001.
6 Weltwirtschaftsforum (2001): Global Competitiveness Report. S. 3ff.
7 OECD: *Economic Survey Finland 1999–2000*. Paris 2000, S. 23.

Irrtum Nr. 3:
Der freie Welthandel dient nur der Ausbeutung der Entwicklungsländer

1 Oxfam (Hrsg.): *Rigged Rules and Double Standards. Trade, Globalisation, and the Fight against Poverty*, New York 2002, S. 49.
2 Das Multifaser-Abkommen galt zunächst bis Ende 1994. Wachsender Widerstand aus den Entwicklungsländern, unterstützt von europäischen Importeuren und Verbraucherverbänden, führte 1995 zu dem Beschluss, den Textilhandel schrittweise bis zum Jahr 2005 freizugeben.

Irrtum Nr. 4:
Die Globalisierung vernichtet unsere Arbeitsplätze

1 Siemens Geschäftsbericht 2002, S. 137.
2 Walwei, Ulrich: *Beschäftigungsentwicklung und Beschäftigungsaussichten in Deutschland: Von der kurzfristigen zur dauerhaften Trendwende auf dem Arbeitsmarkt?* Referat-Manuskript zur Sitzung der Enquete-Kommission *Zukunft der Arbeit – Europa im globalen Wandel* am 5. 3. 2001 in Berlin.
3 IW: *Beschäftigung: Die Mär vom Ende der Arbeitsgesellschaft.* In: IW: *Globalisierung – Bedrohung oder Chance?* Köln 1999, S. 15 ff.
4 Beckerath, Erwin von (Hrsg.): *Friedrich List. Schriften, Reden, Briefe,* Bd. 1, Berlin 1929, S. 429.
5 Ebd., S. 571.
6 Steger, Ulrich: *Globalisierung gestalten. Szenarien für Markt, Politik und Gesellschaft,* Heidelberg 1999, S. 26.

Irrtum Nr. 6:
Der Vormarsch multinationaler Konzerne in die Dritte Welt schafft nur Armut, Kinderarbeit und Sozialdumping

1 Im September 2000 kündigte adidas-Salomon die Vertragsbeziehungen mit dem Zulieferer Formosa Textil auf.

Irrtum Nr. 7:
Der große Finanzcrash ist unabwendbar

1 Hedgefonds unterliegen nicht der Überwachung durch die Finanzaufsichtsbehörden (in den USA die Securities and Exchange Commission, SEC), deren Aufgabe unter anderem darin besteht, für die

Einhaltung von ausreichenden Eigenkapitaldeckungsquoten zu sorgen. Dahinter steht die Vorstellung, die vermögenden Anleger, die ihre Gelder in Hedgefonds einbringen, bedürften keines staatlichen Schutzes, da sie genügend Kenntnisse besitzen, um die mit den Engagements verbundenen Risiken treffend einzuschätzen.

Irrtum Nr. 8:
Der globale Standortwettbewerb zerstört die Umwelt

1 Organisation für Wirtschaftliche Zusammenarbeit und Entwicklung: *DAC-Leitlinien zur Armutsbekämpfung*, Paris 2001.

2 Grossman, Gene M. und Krueger, Alan B.: *Economic Growth and the Environment*. National Bureau of Economic Research, NBER, working paper W 4634, 1994.

3 World Bank: Globalization, Growth, and Poverty – Building an inclusive World Economy. Oxford University Press 2002.

4 Mani, M. und Wheeler, D.:»In Search of Pollution Havens? Dirty Industry in the World Economy 1960–1995.« In: *Journal of Environment and Development* 7 (3)/1998, S. 2152–2247.

5 Repetto, R.: *Jobs, Competitiveness and Environmental Regulation: What Are the Real Issues?* World Resources Institute, May 1995.

6 Albrecht, J. : »Environmental Policy and Inward Investment Position of U.S. Dirty Industries.« In: *Intereconomics* 33 (4)/1998, S. 186–194. Und: *Sores: Competitiveness and Environmental Standards: Some Exploratory Results*. Policy Research Paper No. 1249, International Trade Division, International Economics Department, World Bank, Washington 1994.

7 Wang, H. und Wheeler, D.: *Pricing Industrial Pollution in China: An Econometric Analysis of the Levy System*. World Bank Policy Research Department Working Paper No. 1644. In: World Bank: *Globalization, Growth and Poverty*, Washington 2002.

Irrtum Nr. 9:
Globale Marken bedrohen kulturelle Vielfalt und Werte

1 Vgl. Interview mit Nicholas Dawidoff, »Das Herz des Cowboys und der globale Traum.« In: *Zeitschrift für KulturAustausch*, 2/2002. Nachzulesen unter www.ifa.de/zfk/themen/02_2_globalisierung/ddavidoff.htm.

2 Der Markenwert eines Unternehmens lässt sich empirisch ermitteln. Vereinfacht errechnet er sich aus der Differenz zwischen dem Marktwert des Unternehmens – gleich dem Börsenkurs seiner Aktie, multipliziert mit der Anzahl der ausgegebenen Anteilsscheine – und dem um die Verbindlichkeiten bereinigten Wert der materiellen Vermögensgegenstände, die in seinen Büchern stehen. Ein Teil dieser Differenz entfällt natürlich auch auf andere Faktoren, wie zum Beispiel die Qualität des Managements oder den Kundenstamm.

Belogen, betrogen und ruiniert

Bernd W. Klöckner
Die gierige Generation
Wie die Alten auf Kosten
der Jungen abkassieren
240 Seiten · geb. mit SU
€ 17,90 (D) · sFr 34,–
ISBN 3-8218-5560-6

Die Renten sind sicher? Kommt darauf an, für wen.
Während die Rentner von heute komfortabel ihren
Ruhestand genießen, gehört die junge Generation
zu den Verlierern: hohe Beiträge für ein Sozialsystem,
das kurz vor dem Zusammenbruch steht, wenig Geld für
die private Vorsorge, längere Lebensarbeitszeit, staatliche Minirente.

Das ist keine Generationengerechtigkeit, sondern Ausbeutung, sagt Bernd W. Klöckner und fordert
deshalb die Alten von heute zum Verzicht auf, damit
die Rentner von morgen eine Zukunft haben. Er
analysiert Interessen, Halbwahrheiten und Lügen
von Politik und Lobbyisten und ruft auf zum Kampf gegen ein ungerechtes Sozialsystem, um die drohende Al-
tersarmut der jungen Generation zu verhindern.

 Eichborn.
Kaiserstraße 66
60329 Frankfurt
Telefon: 069 / 25 60 03-0
Fax: 069 / 25 60 03-30
www.eichborn.de
Wir schicken Ihnen gern ein Verlagsverzeichnis.

1000 Milliarden für den Osten – jetzt reicht's mit der Abzocke!

Felix R. Mindt
Die Soli-Abzocke
Die Wahrheit über den armen Osten
160 Seiten · geb. mit SU
€ 14,90 (D) · sFr 26,90
ISBN 3-8218-5559-2

Hohe Arbeitslosigkeit, niedriges Lohnniveau, geringer Lebensstandard und viele andere Schauergeschichten mehr: Gerne präsentieren verantwortliche Politiker die neuen Bundesländer als das Armenhaus Europas. Aber wie schlimm steht es wirklich? Felix R. Mindt hat genauer hingesehen und konfrontiert das sorgsam gepflegte Bild vom armen Osten mit der Wirklichkeit. Sein ebenso überraschendes wie provozierendes Ergebnis: Der Ossi jammert, aber es geht ihm gut.

 Eichborn.

Kaiserstraße 66
60329 Frankfurt
Telefon: 069 / 25 60 03-0
Fax: 069 / 25 60 03-30
www.eichborn.de
Wir schicken Ihnen gern ein Verlagsverzeichnis.

Die provozierende Antwort
auf Naomi Klein und »Attac«

Johan Norberg
Das Kapitalistische Manifest
Warum allein
die globalisierte Marktwirtschaft
den Wohlstand der Menschheit sichert
304 Seiten · geb. mit SU
€ 22,90 (D) · sFr 41,–
ISBN 3-8218-3994-5

Systematisch zerstört Norberg die Legenden
von der Ausbeutung der Dritten Welt durch
Großunternehmen und zeigt, wie der globale
Kapitalismus dazu beiträgt, Armut und Hunger
in der Welt einzudämmen, der Demokratie
zum Durchbruch zu verhelfen und Minderheiten
zu schützen.

»Das rechte Buch zur rechten Zeit. Man wünscht
es sich in den Händen all der jungen Leute, die
heute noch gegen Globalisierung demonstrieren.«
Süddeutsche Zeitung

 Eichborn.
Kaiserstraße 66
60329 Frankfurt
Telefon: 069/25 60 03-0
Fax: 069/25 60 03-30
www.eichborn.de
Wir schicken Ihnen gern ein Verlagsverzeichnis.